Spiritual Culture
青心文化

在阅读中疗愈·在疗愈中成长

READING & HEALING & GROWING

全新修订本

开启
你的高维智慧

刘丰 著

心能缘 校订

中国青年出版社

目 录

序　　言	光　缘	001
再 版 序	选择未来——生命教育的永恒意义	003
推荐序一	指月之手，指点文明的方向	007
推荐序二	唤醒有缘的觉者	010

导言　001

第一部分　011
多元文化系统集成与交响的现实意义

第一讲　013
宇宙至简原理——连接人类所有智慧系统的方便语境

纵观人类的近代科学，几百年来其实我们在不断突破自己的思维模式与思维局限。但是旧有的思维模式是根深蒂固的，当我们依靠我们现实的眼、耳、鼻、舌、身去理解这个宇宙的时候，实际上我们已经把自己限制在一个极其狭小的三维空间了。

第二讲
029 **多元智慧系统——从求同存异到无同无异**

我们现在在网上直接就能够搜索到几乎所有我们想知道的不同的文化系统。如果我们试图在这么复杂的系统中找出所有文化的差异与不同,那应该说即便是找两个文化系统之间的差异都会耗掉我们一生的时间和精力。所以,寻找不同是永远没有最终结果的。所以在三维空间里,我们采用最基本的思想方法其实是求同存异,当我们在找相同的时候,我们对于那些不同是接纳的,是认同它存在的。

第三讲
041 **佛学智慧系统——整体宇宙能量关系的详解**

我们在现实中见到的一切,在投影源里都有着它的本质关联。所以实际上我们每一个人彼此之间,都有着内在投影源里的关系,那种关系叫"缘"。而当这个关系在某个三维空间里还没有重合的时候,还没有相遇的时候,叫有缘无分,而在同一个时空点上投影出来就叫缘分。

第四讲
057 **道学智慧系统——天人合一与道法自然**

道是 N 维宇宙空间(N 趋于无穷大)的宇宙智慧。离开道,进入 N-1 维,叫失道,"失道而后德",所以从 N-1 维到四维,全是德。这样我们就不难理解什么叫德高望重,什么叫厚德载物。"失德而后仁"是什么意思呢?也就是从四维进入三维空间,就离开了德的境界,这叫失德,这个仁,就是所谓的大爱。

第五讲
儒学智慧系统——入世心法及游戏规则　071

"亲民"就是内在的投影源和投影的像的统一，它直接让我们在三维空间去觉察，通过三维空间的像去觉察我们内在的认知，也就是我们有什么样的认知就会投影出什么样的像……所以，大学之道就是在不断地超越我们的有限认知，不断地实现内外合一，在这个合一过程中觉察和颠覆认知，不断地提升我们内在的自由度，去合那个最高境界的道。

第六讲
神学智慧系统——为三维的人设计的全息觉悟之路　085

上帝七天创造宇宙万物，在不同维度上进行描述的时候，它对应到三维空间里面可以是七年，可以是七十年、七亿年和七亿亿年。这就是说基督教在《圣经》的最初始的《创世纪》就已经告诉了我们这个宇宙本身是多维的。而在三维空间之上的时间是变量的状态下，一切的呈现皆有可能。而当我们用狭隘的三维认知去理解它的时候，我们是无法理解《创世纪》所说的上帝在七天之内创造宇宙万物的。

第七讲
心灵智慧系统——现代心理心灵的多元与融合　099

心理学的目标是以解决问题作为起点和终点，心灵学的本质是以唤醒智慧为目标的。2012年前后，大量的心理工作者转向心灵工作者。人类也越来越多地开始追求内在心灵的成长，因为人类的平均时空能量已经从三维主导转向高维主导。

第八讲
115　生命的智慧系统——多元智慧共同谱写生命的交响乐章

其实对死亡的恐惧是我们在三维人生里最大的恐惧,这种恐惧来源于不了解。因为我们不知道在我们的三维生命之外,我们的能量并没有消散,我们在投影源里的能量本体被称之为灵魂。灵魂是永远不会死的,因为到了四维,时间是变量,它可以在时间轴上任意到过去,任意到未来。投影源才是生命来源的本质,当我们真正知道这件事情时,我们才能够真正地超越对死亡的恐惧。

第九讲
137　科学智慧系统——人类科学文明发展的过去、现在与未来

东方智慧是以天人合一的宇宙观建构整个宇宙体系,让我们从上往下看宇宙的真相,这个时候建立的科学、建立的文明才是人类真正未来的文明。这里面的科学才是真正的科学,才是既包容了所有三维信息、所有科学原理,同时又能把我们的科学思想拓展到无限的空间,而又把我们的意识包容所有空间,这个时候才是我们人类的终极文明。

第十讲
159　生态智慧系统——纵横生态系统与人类的可持续性生存与发展

当从整个宇宙体系的系统视角去看"生态"的时候,当把"生态"和整个中华传统文化结合起来的时候,我们不难发现一条纵向生态链,其包含了宇宙生态、自然生态、能源生态、社会生态和人文生态。宇宙生态是在三维空间以上的,它是与我们的人心连在一起的。

第二部分 171
多元文化系统集成与交响案例

第一篇 172
音声法门

第二篇 182
老年人心灵关怀

第三篇 197
国学修心

第四篇 210
对《零极限》的解读

第三部分 217
交流与问答

附录一 272
探索"开启你的高维智慧"

附录二 288
法音

附录三 290
陪伴生命，喜悦成长

295 附录四
心无界，事业才无极限

303 附录五
心能缘伙伴感言

311 后记
走向生命的圆满自在

314 鸣谢

序言

光缘

冥冥中一切都有最妥当的安排。与光的不解之缘注定了我今生的使命——和光。越来越多的当下感受与光的同在，也渐渐领悟了光与影的同在——同尘。

影从何来？坐在硅谷南端的 Hunting Point 的长椅上，俯瞰蓝天下这个人类小聪明的聚焦点。三十年来跨越太平洋的几十次往返；三十年来光尘互染的生命体验；三十年来矢志不渝的求索，化作此刻俯视人生的一丝欣然。

远在北京的东泽、语桐、立玮、海玲……心能缘的伙伴们，我们的智慧结晶——《开启你的高维智慧》，在大家共同的参与和关注下就要问世了。感谢所有和我一起打磨这把钥匙的朋友们。

这是一把每个人都可以自在使用的钥匙。它可以帮助我们打开生命成长的每一扇门。当你能够自如掌握和使用这把钥匙的时候，你将能够打开一切智慧顶层的天窗。

从求同存异到求同尊异，生命必须跨越小我的局限；从求同尊异到归同了异,智慧必须融合一切法脉;从归同了异到无同无异,才是生命的终极圆满。名副其实的和光同尘;天经地义的道法自然;真实不虚的天人合一;究竟圆满的无上正觉。

伴随着人类光学理论与事业的发展,和光同尘的心路历程越来越清晰。从传统光学到光纤通信;从 LED 照明到太阳能发电;从光电产业到心灵之光的事业。终于明白光是宇宙一切存在的本质。让这本充满光之能量与智慧的书,助你连接生命中一切法缘。借通俗的科普语境,转化所有智慧系统表象上的冲突。验证和体验化干戈为玉帛的喜悦。

刘丰

2016 年 12 月 1 日于美国加州硅谷

再版序
选择未来
——生命教育的永恒意义

自 2017 年《开启你的高维智慧》出版以来,得到了很多读者的支持、认可与鼓励。在此特别感谢各位读者朋友。

如何更加深刻地理解高维的本质?如何能够自如地应对多变的世界?近一两年,我有一些新的体会。在此跟大家一起学习、探索……

一、人类面临终极选择

经历了原始共生、野蛮竞生,人类正在经历文明竞生的尾声。行将结束的文明竞生的本质是:人类在自私的合理化意识支配下,合伙高效率地掠夺自己与后代的生存资源与条件。人类的未来只有两种可能:其一,在现代经济与商业竞争游戏中同归于尽;其二,在人类命运共同体理论的引领下进入和谐共生。

人类主体平均意识能量已经从三维引领转向高维引领。执着在三维游戏中的人不容易读懂这个趋势,但发生在我们身边或亲自经历的现实在以不同的方式唤醒我们。当我们从复杂的迷宫跳出来的时候,我们会赫然发现,原来我们对生命和宇宙的理解竟然如此的幼稚。原来人类可以不那么纠结的呈现自在的生命状态。贪欲和恐惧不应该如此掌控多数人的生命。

智慧生命的本能是在无条件付出的当下,体验生命本自具足的喜悦。被狭隘认知阻碍的生命会误以为自私是人的本性。是的!没有觉醒的生命的确是在自私的认知状态下构建了互伤互损的生存环境。

在有限的生存空间以三维价值观建构的游戏规则,注定了成住坏空的三维时空规律。在沉船上再多的"拥有"都没有意义。在自私原则上建构的民主与法制是少数人支配的人类合伙高效率自毁的游戏规则。真正健康合理的民主与德治应该是建立在人类共同觉醒的基础上的自觉公约。自私与贪婪的人没有资格在未来拥有公权,除非能当下觉醒。

二、教育的重要意义

唤醒并在现实中践行生命本自具足的内在智慧是教育的根本意义(生命本自具足的全息数理逻辑)。

觉悟生命的意义是提升意识能量的维度,是教育的核心宗旨(生命意义的科学解读)。

建立自上而下的科学的高维宇宙观、世界观和人生观是当代教育的当务之急（以天人合一的宇宙观；协和万邦的国际观；合而不同的社会观；人心和善的道德观。颠覆自下而上的狭隘价值观取向）。

引领人类进入和谐共生的未来是当下教育的重中之重（多元文化的交响、人类文明的升级、中华优秀传统文化的复兴）。

三、生命智慧与生命教育

宇宙与生命关系的完整科学解读（起心N维在无穷，存在至简正弦涌，一切呈现投影重，零维全息万有中）。

觉醒者与彻悟者的生命状态（自在、喜悦、包容、智慧、精进、无条件付出、充满创造力、身心健康……）。

人类共同觉醒大彻大悟的时空阶段已经到来（平均意识能量已经超越三维认知局限）。

每个生命的自我教育、自我唤醒的时代已经开启（一切呈现及生命局限，皆源于每个生命个体自己的内在认知障碍。颠覆自己的认知方可连接内在高维智慧，进而活出当下自在的生命状态）。

四、选择未来的本质是当下觉醒

只有当下才能连接内在的高维意识能量（因为在"过去""未来""刚才""一会儿"这些三维认知的主导下，连四维都无法企及，更不要说高维了）。

学会在每一个当下保持趋向高维的意识能量状态（所谓正能量、不下念）。未来的发生一定是越来越美好、自由、自在。

真正的觉醒是以内在高维智慧引领自己每一个当下的生命实践（大愿引领意识能量的持续提升，超越一切内在认知障碍，呈现越来越圆满宇宙生命的和谐）。

当下的一切呈现都是自己选择的生命成长的应用题。全然投入生命智慧成长的考场是觉醒的生命的必由之路（持续感受生命觉醒的内在喜悦——法喜。持续创造意识能量与物质能量高度和谐的当下生命状态，并投影出和谐共生的外在世界）。

刘丰

2019 年 11 月

推荐序一

指月之手,指点文明的方向

这是一个科学昌明的世纪。这个科学指的不仅是当代的三维地球的物质科学,还应该包括我们不甚了解的广袤的空间和变量时间,古人称作宇宙。钱学森先生说过,科学应该有三种:自然科学、社会科学和人体科学(此人体非谓肉体,而是灵体)。如果说前两种科学是地球人类文明的产物,那么后一种科学显然已经超越了部分地球人的认知能力。

从地心说到日心说,欧洲人用了几个世纪来证明。其间布鲁诺被烧死,伽利略因《关于两种世界的对话》而入狱,饱受折磨而死,人类为突破自己的有限认知而付出的代价极其惨烈。爱因斯坦的相对论从发表到被学界接受用了三十年,其原因不是大咖们提升了自己的认知,而是那些反对者都去世了。可见,人类要走出自己的认知局限,超越现有的低维状态,不再孜孜汲汲于无谓的物质积累,关键在人类自己。《国际歌》里唱得好:"从来就没有什么救世主,也不靠神仙皇帝,要创造人类幸福,全靠我们自己。"

唯物主义的科学观将人固化为两类——科学盲、科学迷，二者都是认知障碍。科学思想重要，但不能用固化的物质概念格式化人的大脑；科学方法重要，但不能全然否定地球科学解释不了的事物和现象。实践是检验真理的唯一标准，但三维实践检验三维真理，高维实践才能检验高维真理，不能用三维的实验科学检验高维真理。

中国传统文化，特别是诸子百家的思想中有很多高维实践的智慧，不仅限于思想理论，更多是先贤的实践经验。但苦于有限的概念转换手段，古人的很多语言中的比喻，今人已然不知所云了。老子的话、庄子的寓言、释迦牟尼的偈语有几个人真懂？能够用一种普适的语境，用大家都听得懂、都能接受的语言，将科学原理及其适用性讲清楚，特别是能够让听不懂的人不排斥，这在多元文化融合的今天尤其重要。但这项工作不是一般的艰巨，不是简单的科普，因为它不是知识的灌输，而要启迪、激活每个人本自具足的内在智慧。

学术上区分一个学者水平的高低，分野之一就是看其是否能够将复杂的东西简单化。将晦涩高深的东西化为通俗易懂的大众语言，将神秘莫测的实验结果变为简单易行的生活，这是一个对大家的挑战。我曾经请刘丰老师为学生们讲过半天他所倡导的理论，整理后的文字有两万字；但最近再听他的课，发现他只用十分钟时间，三百字以内就把广义科学概念讲清楚了。他对广义科学理论的描述和对 N 维空间、时间变量、波叠成像等一系列全新的高维观念的延伸解读，令人脑洞大开，抚额赞叹。我曾有幸与刘丰老师对话过多次，就东西方文化的几个节点进行过研讨，受到的震撼颇大，每有今是而昨非的超越感。

在这个物质至上，科学主义盛行的后工业时代，人类文明的方向在哪里？再继续横向扩展，生产已经过剩的低维物质产品？还是纵向提升生命境界，不断超越人类自身的有限维度？当然，应该是纵向提升境界，不断超越自己的有限认知，在这个超越的过程中不停留、不与低维的人、事、物纠缠，因为我们的目标是 N 维宇宙空间，是 N 趋于无穷大的宇宙智慧。

在刘丰老师新作付梓之际，聊表一些心中的感想，权且为引玉之砖，指月之手，目标不在此而在彼，在那 N 趋于无穷大的宇宙智慧。

刘宏毅　谨识
丙申除夕前日于北京博雅园

推荐序二　唤醒有缘的觉者

作者用科学语境构建了一个和所有智慧连接的系统，这是一个了不起的实现人类自我突围的引领性智慧系统。越来越多的迹象表明，人类现在的关键已经不是战胜外部世界，而是人类自身的自省自觉。作者带着唤醒自己和同类的使命，苦苦求索几十年，最后发觉人类所有的智慧都是相通的。第一次见到作者刘丰，我就觉得他是一位大彻大悟的智者。他用科学语境连接所有智慧体系，其实是在为大众寻求一个方便通达智慧的路径。因为科学语境人人耳熟能详，简便易懂。但我深知，世上最难的事，就是用通俗易懂的语言来流畅地表述人类最复杂的思维。但他做到了！我和他曾经有过一次关于"人本体哲学"的对话，彼此感觉念念相通，理理相应。如他所言，我们都曾孤独地行走在心灵的原野上，快到山顶时，该遇到的人就自然会遇到。我从这次对话中，深深感受到了作者内心的通透明亮，自性的圆融无碍，思辨的清晰畅达。没有足够的自证、自悟、修炼、品德，是很难达到这样福慧双修的境界的！

人类社会正进入一个不确定的模式。以向外部世界扩张的物本社会之路，已经走到了尽头。人类又一次面临重新抉择，无数心灵徘徊在十字路口上。

人类只有一个地球！地球已不堪重负！资源枯竭、环境污染、空间窘迫、灾害频发，人类如何突围？人类经历了战争、经济全球化，现在正面临政治、文化全球化。而要推动文化全球化，必须寻求东西方人类最可能达成一致的价值观。这就是生命价值观。生命价值，是实现文化全球化的唯一基础。

作者的多元智慧系统，正是从生命价值出发，寻求人类纵向突围的当下路径。"生命中最重要的事情就是提升我们的维度。每多一个维度，就能看到无穷多倍的美。""所有的理论，都是让我们当下获得喜悦，当下连通高维智慧。只有当下是连接高维的。而连接高维的一瞬间产生的喜悦，是没有任何一个物质世界的喜悦能够替代的。"

在这里，作者已然为人类社会指出了一条纵向突围的必然方向。这个方向首先是超越物质世界，返回生命本体的。正如他进一步阐述的，"当从整个宇宙体系的系统视角去看'生态'的时候，当把'生态'和整个中华传统文化结合起来的时候，我们不难发现一条纵向生态链，其包涵了宇宙生态、自然生态、能源生态、社会生态和人文生态。宇宙生态是三维空间以上的，它是与我们的人心连在一起的"。这里的宇宙生态，完全和人类的生命价值合而为一。也就是人类的发展模式，将发生颠覆性的转变。从向外部发展转向内部发展；从向物质世界扩张转向向精神世界扩张；从向三维世界求索转向向高维世界求索。而要做到这些，人类首先要在顶层设计上达成共识。多元智慧系统的使命，就是将人类所有的智慧系统自然地连接起来，使其归一。作者说到"我在过去三十年里面，不断地用这个理论体系和不同的宗教、心灵系统，不同的老师进行对话的时候，我感觉到了它真的非常好用。它让我们不需要再纠结于不同语境之间的差异，就很容易地找到了所有智慧系统之间的关联，也帮助我们去理解每一个系统自己独到的优点，同时共同地帮我们理解了这些系统，它们所描述的宇宙的最高境界其实都是合一的。"而只有当人类的智慧系统合一时，人类才会共同关注自己的生态系统，从物本迷途中，重回人本之路。我认为这是多元智慧系统对人类最了不起的贡献所在。所以无论是作为作者的朋友还是作为共同的宇宙真理的探索者，我都十分期待他的新书尽快出版。我相信这是人类的又一声晨钟，它将唤醒人们的心灵。唤醒每一个有缘的觉者。是为序。

苏忠

大业传媒集团董事长

导言

多年来，我一直做的一件事就是用一个简单的科学语境跟所有存在的可能性做一个系统性关联。因为在现实中有很多的高维实践方法，把每一种方法表达的共性部分跟科学语境做一个关联，加深了自己对这些思想深刻内涵的理解。

科学语境的概念，是建立一个零维和N维（N趋于无穷大）的空间范畴，它代表了所有信息在这个空间系统里全部表达出来，而全息能量代表了整个宇宙的存在。

全息能量的运化机理，通过转变能量结构，从而转变它在现实中的呈现和现实中的关联。投影的概念给出了一个隐含的意思，即高维是投影源，低维是投影像，转变投影源内高维能量结构，就像我们修底片似的把投影源里的信息改一改，我们投影出来的像就会改变。可以把它理解成是一种技术，当然这种技术"修改"方法有很多种，我们利用这么一个话题把各种高维实践的方法集合起来。我们通过科学语境讲讲这个所以然，为什么可以做这件事，为什么这件事做的有意义，从这个角度来表达,就是我们现实的这个科学逻辑理论系统跟各个理论系统,特别是人的高维实践系统之间内在关联,寻找它们的共性。

全息能量运化的核心机理

首先,取决于对这个宇宙空间层次的认知,也就是自己格局决定了能运化能量的层次。通透地了解空间与存在的本质就是宇宙全息系统,当然你不一定非得要从这个系统去理解,你可以通过佛学的智慧、道家的智慧,任何一种智慧系统,只要能理解到最究竟本质的境界,了解它的存在和空间的本质就可以。我们用科学逻辑语境来连接所有的人类智慧系统,它们之间并不矛盾,当我们能够借助科学逻辑语境来通透地了解空间与存在的本质关系,从而达到法理通透,这是核心机理的一个条件。

其次,建立完整的空间与存在的解读框架,就是所谓的高维指令。在不同的智慧系统里有它自己的高维指令体系。在科学逻辑语境里我们借用四句话的高维指令来帮助我们理解宇宙空间结构。

起心 N 维在无穷,

存在至简正弦涌,

一切呈现投影重,

零维全息万有中。

第一句"起心 N 维在无穷",就是我们把自己的意识给出一个指令,是站到 N 维(N 趋于无穷大)看整体宇宙,这时候这个指令就会让我们超越任何中间层次的存在,从上往下来看整个宇宙空间的一切存在。

第二句"存在至简正弦涌",告诉我们一切存在的本质,最简单的存在就是正弦波,所有存在都是正弦波叠加而成,它让我们善护念,随时观照自己的起心动念。

第三句"一切呈现投影重",就是所有的呈现是投影重叠,一维是二维的投影,二维是三维的投影,三维是四维的投影等,投影的重叠构成我们现实看到的一切存在。既然都是投影的重叠,那一定是假的,只要呈现出来的就不是投影源。

第四句"零维全息万有中",零维这一个质点是全息的,一切这里面都包括了,它告诉我们每一个生命内在本自具足。当你知道你生命的内在是本自具足的时候,你的生命状态会完全不一样。

这四句高维指令能够帮助我们去理解宇宙空间的结构，同时它又跟人类的所有智慧系统对宇宙空间结构的描述高度相应。核心的机理是纵向投影与横向能量的共振叠加。

全息能量运化的实践

现实中不同的智慧系统有不同的验证体系、不同的实践方法，不管是佛学的、道家的、儒学的还是心理学的都有对应的方法，所以运化的实践是多样化的。在这一点上展开，让我们看到法法通道，术术含道，就是每一种法门系统里面，都会有它可以跟完整宇宙系统关联的逻辑，每一种逻辑其实都可以通道。但是我们现代人在某一个系统里面评判其他系统的时候，就把精力浪费在一个系统和系统的这种冲突性的比较上。如果真正能够知道原来所有的系统，它们的终极都能指向最究竟的时候，这时你接触所有系统都会变成自己内在圆满的助缘。因为只要见到的系统都是自己投影出来的，我们能够通过见到的所有的系统，去帮助我们领悟内在的高维智慧，这个就变成把我们生活的每一个当下都能转化成我们纵向提升的机缘了。

全息能量运化的实践就是我们通过跟不同的系统之间的这种关联，让我们看到在当今时空里面我们人类面临的所有的呈现，都是我们内在提升的机缘。运化的实践活动遍布在我们生活的方方面面，行住坐卧，事业家庭财富，身体健康，也包括所有的智慧系统，都是来帮助我们觉醒的。只是你是否读懂这些是怎么帮助你的，你是否能够在所有的道上都能打通，你真正能够理解什么是法法通道，术术含道，让我们触类旁通，真正把这个内在提升的高维实践实现在我们现实的每个当下。

第一，我们讲三维实践涵盖在一切事物之中，就是我们现实中看到的所有的事物存在都是三维实践，是涵盖在所有事物之中的。

第二，高维实践联结所有的高维存在，所有的三维存在都是高维的投影，所以我们的高维实践可以从任何一个三维存在契入。但是每个人有每个人的法缘，每个人有每个人进入高维通道的机缘，这是因人而异的，这跟每一个人的能量结构、认知结构有关。所以存在什么样的认知，这个认知就是觉醒的契机。从这个角度讲，高维实践是连接所有三维实践的。但是我们如果把实践只停留在三维的话，那我们开启高维智慧，不过就是一个妄想，所以我们必须得把高维实践跟我们的三维实践能够融合在一起，这叫知行合一，也叫心物合一。

第三，就是一切实践的目的都是回归 N 维（N 趋于无穷大）。当你真正觉醒的时候，你会发现没有一件事关联不上，所有的事情都给自己这样的机会了，实际一切实践的真正目的，都是在回归本质的 N 维 (N 趋于无穷大)。

这样我们就可以去关联很多种现实的人事物，不管现在我们说的生命也好，生态也好，文化也好，这么大的话题里面可以分解成非常小的话题，非常精细的话题，这些都跟生命的觉醒是有关联的。每一个关联的本质，不是别人告诉我们的，是要靠我们自己悟出来的，因为每一个人自己的通道是独一无二的。可以从某些法门得到一些支持和助缘，但到了终极的时候全是要靠自己，自己真正地彻悟才行，就像上山上到最后都是攀岩，是没有路的，你沿着任何一个智慧系统，它只能把你带到一定的高度，到最终一定是你自己的觉醒。

借假修真，借相明理

我们说的任何理论都是对宇宙生命的有限描述，包括我们现在说的所谓科学语境，它不过是借来的一个方便，它不是真理，它也不是道，它只是在说一些跟道相关的理，道理不是道，相当于物理不是物，所以说出来的东西不需要去迷信它，你从这里得到什么样的启示和启发，是你自己的事情，要论证这个理论对和错，好和坏，没有本质的意义，这样你才能从所有的智慧系统里面求同尊异，获得对自己的启发，这个才有意义。

任何事物都是帮助我们觉察自己的内在认知，就是所有的事物只有这一个目的，而所有的认知都是障碍，颠覆认知的当下就是解脱自在。

在当下运化能量就是转念，就是当下我们能够通过各种各样的助缘，实现迅速的转念。我当下就觉知到我的能量状况是往下走的，在这个时候我迅速的颠覆，转念，至于迅速到什么程度，这是人的功夫，当一个人的功夫达到一定程度时，他起念就转，说不怕念起，就怕觉迟。

这个运化能力就是功夫。首先得先发现题目，你发现这个问题；第二得悟，领悟这个题目是自己的什么认知让自己产生这个问题；第三得行，你得真正向内在去转化，去颠覆这个认知。这样我们就在不断解题的过程中，持续地在颠覆认知的当下就在跟内在的高维产生同频，这个时候你喜悦的状态就在当下呈现了。

这本书，我们会跟现实中的不同智慧系统进行关联，转化成自己当下驾驭自己空间能量的助缘。因为现在这个时空比较复杂，在现实中我们还在扮演着不同的生命角色，是一个家庭成员，是一个社会成员，在企业里还是一个企业的员工或者企业的老板，在政府里是个官员等。在不同的角色中我们每天遇到的人事物，都可以转化成内在觉醒的机缘，而在这个过程中,能够在当下和自己内在高维智慧关联的时候产生喜悦。

入世心法——信愿行证

信就是自己是否真的相信内在本自具足,是否能够持续在生命的过程中去验证本自具足。你当一个医生,你是否就能够不断地超越你的医术水平,不断地超越你自己的医德的境界,而达到一个更高的层次。你是个教师,你是否能够通过你的智慧来转化周边的学生开启智慧的这个呈现等,就是它会成为我们在现实生命成长中验证本自具足的一个非常重要的内核。

在相信本自具足的基础上,是否有终极的目标,使你在面对所有存在、修到任何境界,都有持续提升的方向,这个就是大愿。

第三就是行,你是否能够在每个当下心行。觉察题目,读懂题目,然后完成题目,这就是行。

第四就是证,你是否能够通过直心面对当下。入世用这个方式去做的时候会特别有效,在生命的方方面面,在事业里面得到内在的提升,所以做事业跟内在提升是高度契合的。

高维实践条件——干净、平静、恭敬、镜子和境界

这5个"JING"就是创造高维实践条件,它也是全息能量运化机理必须要创造的条件,没在这个条件之下,你的内在不干净,你跟你的内在高维连不上;你不平静,你也连不上;你不恭敬,也会产生空间的障碍;你不认为周围是镜子,你都在把外面的事情当真,你也连不上;你的境界提升也会产生内在定力,定慧等持,那会持续在这种定力之中去提升,所以这个境界和环境都很重要。

全息能量运化机理的终极目标即跟我们的存在、事业、家庭、财富、所有东西都相关,同时又能借这些达到内在智慧的提升,这样的话它的高维实践和三维实践能够合一到我们每一个生命的当下。

第一部分

多元文化系统集成与交响的现实意义

当你能够尊重一切存在的时空合理性，且尊重每一个法门自己独有的特征时，你才会发现它们之间的相同之处是如此之美妙。而这个过程确实是一个充满了喜悦和快乐的过程。

宇宙至简原理——连接人类所有智慧系统的方便语境

第一讲

在讨论这个主题之前,我想先整体介绍一下这个主题,我们把它叫"求同尊异"。"求同尊异"跟我们讲的"求同存异"有些不一样。"求同存异"是表达对客观的一种认同,但是保持了自己所谓的立场。而"求同尊异"是不执着于任何一个立场,尊重一切存在的时空合理性。其实在过去三十年,我进入所有有缘的宗教和修炼法门探索时,就是本着这样一种意识,这样一种指导思想。

进入所有的系统只有一个思想,就是寻找它们中间相同的部分来相互印证。由此,当你能够尊重一切存在的时空合理性,且尊重每一个法门自己独有的特征时,你才会发现它们之间的相同之处是如此之美妙。而这个过程确实是一个充满了喜悦和快乐的过程。所以,我跟大家分享的是我这么多年来,把这些逻辑体系逐步去粗取精、去伪存真而留下的一些精华的部分。

这本书的第一部分,讲的是宇宙至简原理,它的副标题是连接人类所有智慧系统的方便语境。为什么叫它宇宙至简原理?实际上,在宇宙中描述智慧的系统有无穷多个,直到今天还有不同的系统在不断地呈现。当一个人进入自己的内在,修炼到一定程度的时候,他会发现并领悟到很多在我们日常现实三维空间感受不到的信息,而对于这些信息的描述是多元化的。其实任何一个人都有可能创造出新的系统,但是每一种系统面临的问题,是如何让更多的人去了解。因为新的名词、名相需要解读,需要让更多的人在了解它们的时候没有障碍,而迄今为止人类所拥有的智慧系统面临的最大的问题,是彼此间的融通。其实每一个系统都认为自己找到了真理,而每一个系统的信众也都能够从他们所相信的系统中获得真理的启迪。但是在今天这个多元文化并进、多种文化同时呈现的现实下,这些系统之间的互相融通、相互印证对于每一个现代人来说就变得很重要了,否则我们难免会感觉到困惑。也就是当不同语境碰到一起的时候,虽然它们在说同样的事情,但由于其逻辑、名词和名相的解读各有不同,所以人们在解读的过程中产生了很多的困惑。

在所有的系统里面,我们近代世界最普遍适用的系统就是科学语境。科学语境对于我们来说没有族群、国家、政治和宗教的分别。科学语境是这个世界近几百年来人类从新的知识发展中总结出来的一套逻辑体系。我为什么不把它简单地称之为科学,是因为一旦谈到科学,难免会有很多悖论。因为对于科学,每个人都有不一样的理解,而在公众知识系统里对科学的描述也有它相对的局限性。所以我们只把它描述成科学语境,也就是借用科学的名词、名相和逻辑关系,因为这个名词、名相和逻辑关系是被我们大部分人所接受的。比如我在地上写下1+1,几乎全世界的人都会来写2,因为它已经被普及了。

其实每一个系统,都有它自己的复杂性。但是当我们去找它们的共性时,我们发现其实所有的共性都是简单的。用每一个系统的简单去连接另外一个系统的复杂或简单的时候,确实也有它的难度。所以在不同系统之间找到它们相互描述的部分来相互印证,真正体会它们的核心共同之处,就是我们今天的主题。

现在我们先来谈谈第一部分我们讲到的多维空间的概念。

在科学语境里描述空间,其实也有很多系统:有"直角坐标系统",也就是"线性几何系统";也有"球坐标系统""极坐标系统""二进制系统"等等。这些描述这个空间存在的系统,它们彼此之间是有转换公式的,是有接口的。但是我们只选择其中一个系统来做描述——"直角坐标系统",也就是"线性几何系统"(见第17页插图)。为什么选择这个系统?因为在所有系统里面,这个系统跟我们日常的经验最接近,也就是说大部分人从学数学开始,就对它有所了解了。

这个所谓的多维空间系统,是从零维到N维(N趋于无穷大)构成的整个宇宙系统,而用"直角坐标系统"来描述整个宇宙从零维一个质点到N维(N趋于无穷大)的呈现,是一个非常好的路径,没有任何信息、任何事物会在这个描述之外,佛教管它叫"无漏"。当我们用这个系统来描述宇宙空间的时候,就达到了一种境界叫"无漏",也就是没有任何信息和事物出其外。

再详细点描述,零维是一个质点,一维是一条直线,二维

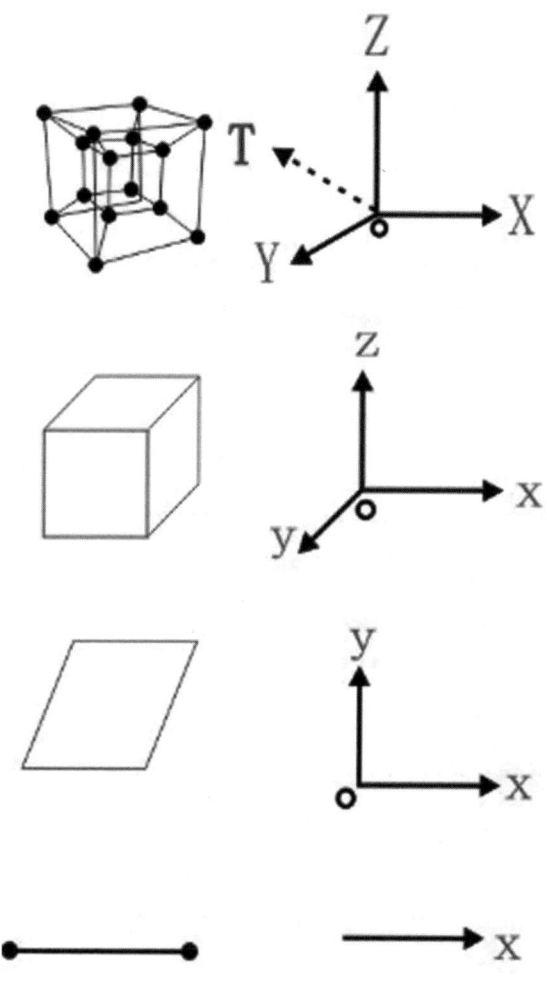

线性几何系统

是一个平面，三维是立体空间。零维就是没有变量，它只是空间中的一个其小无内的质点；一维是一个变量，在数学里用X代替它，也就是X轴，我们又叫它数轴。在数轴上所进行的是加、减、乘、除的四则运算，指的就是一维。二维是一个平面，这个平面是由X和Y两个变量构成的。到了三维空间，就出现了三个变量X、Y、Z，它就构成了我们熟悉的三维立体空间。这个概念其实越来越普及了。在二三十年前，我在跟朋友们聊起这个概念时，大家都觉得这个概念过于抽象。而今天我们可以发现，它出现在我们生活中的很多地方，从心理学、心灵学到现代的文化、艺术、电影，包括游戏，大量地出现"多维空间"这样的字眼，这说明它确实很方便。

我们再来看一下这个数学思维，在一维、二维、三维空间，它跟物理是高度对应的，也就是说几乎所有的物理问题到最后全部会抽象归结成为一个数学问题。实际上数学是在描述着数与形的关系，而在三维世界里面，这种数与形的关系是严谨的、一一对应的。那么我们在现实中的一切活动，最后都可以归结为一个所谓的特征方程，也就是数学模式、数学模型。所以我们在做现代软件系统的时候，有一个词叫"建模"，其实就是找到一个事物内在的模式，建立它的数学模型，对它加以描述。而这种一一对应的关系，我们可以在三维空间里找到无穷的印证；可是到了第四维，这种对应关系，我们一般人就找不到了。这是为什么？也许我们可以说，四维根本就不存在，但还有一种解释，就是一般人只具备三维的思维认知能力和身体感知能力，或者说他只能呈现出三维的思维认知能力和身体感知能力。就像蚂蚁只有二维的思维认知能力和身体感知能力，它就只能被局限在一个平面上。

当我们用粉笔画一个圈把一只蚂蚁圈起来的时候，它就不知道怎么从这个二维的密闭空间里面走出来了。而具备三维的思维认知能力和身体感知能力的人类，就知道如何让蚂蚁从三维空间中走出来，这是一个很简单的模型。同样，只具备三维的思维认知能力和身体感知能力，或者执着于这种三维认知能力里面的人，就无法从一个三维密闭空间里面走出去；而具有更高维度的思维认知能力和身体感知能力的高等生命，就知道如何把三维密闭体里面的事物取出来。虽然说这听起来有些玄妙，但是从理论的逻辑上它是可以成立的。为什么呢？因为每多一维，其实只是多了一个变量，它相应的加、减、乘、除、微积分等数学原理没有任何改变，只是加了一个变量。我们知道在做普通算术题的时候，数轴上只有一个变量。当我们面对代数中两个变量的解读时，我们会用到一个方法，就是公式相减。其实公式相减就是降维，把二维问题变成一维问题。

我们在研究一维到三维的时候，知道了它的严谨性。而我们又会想，高维空间的存在是通过什么来印证的？实际上，在数学系统里，从零维到N维（N趋于无穷大）都是存在的。如果这个逻辑成立，就没有理由到了第三维以上就不存在了。为什么我们大部分人无法印证高维空间是存在的，是因为我们大部分人只具备三维的思维认知能力和身体感知能力，无法通过三维的实践活动而超越三维。

纵观人类的近代科学，几百年来，人类其实在不断突破自己的思维模式与思维局限。但是旧有的思维模式是根深蒂固的，当我们依靠我们现实的眼、耳、鼻、舌、身去理解这个宇宙的时候，实际上我们已经把我们自己限制在一个极其狭小的三维空间了。当我们把科学的定义域从三维空间拓展到N维（N趋于无穷大）的时候，我们才发现它原来是如此之博大，和这个宇宙中所有的智慧系统之间的相互解读成为了可能。而我们人类真正所面临的最大问题，恰恰是试图用三维的方法解决所有高维度的问题。从逻辑上来说，这其实是很荒谬的。

实践是检验真理的标准，但应该是三维实践检验三维真理，高维实践检验高维真理。因为让只会做三维实践的人去检验高维真理是不可能的，就像是蚂蚁不可能检验人的真理一样。所以，真正有价值的实践，是能够在任何一个空间去践行的。我们今天描述的空间就是这么一个从零维到N维（N趋于无穷大）的空间。而每一个空间之间的差异是一维里面有无穷多个点，二维里面有无穷多条线，三维里面有无穷多个面。

这告诉我们一个非常简单的概念，每多一维就将多出无穷多倍的信息以及无穷多倍的维度之间的相互关系，所以这个逻辑把不同维度空间的巨大差异呈现出来了，每多一维就会多出无穷多倍的宇宙智慧。这能够帮助我们理解人类现实中不同智慧系统描述不同境界的差异性，以及最高境界和我们人的现实生命状态之间的巨大差异性。

现在我们再来分析这个空间里面都存在什么。我们用一种很简单的思维方法来描述"存在"，叫"找共性"。因为所有我们看到的"存在"在三维世界里已经极其复杂了，物质世界里面的存在就已经复杂到一般人穷其一生都不可能全然了解的程度，更别说我们现在进入了信息时代，它的内涵就更加广泛。所以从"存在"中找到共性可以说是一个非常简单的方法。遵循这样的方法，我们知道一切存在——物质存在的共性是分子，也就是说，这一类分子构成了物质。那么分子的共性是原子，不同的分子其实它们都是由原子组成的。而原子分成原子核和电子，所以电子是所有原子的一个共性。原子核虽然不同，但原子核是由中子和质子构成的。也就是所有的原子核里面都有中子，中子又是一个共性，质子是由中子和正电子组成。（见第23页插图）

说到这里，我们发现原来一切有形物质存在的最基本的形式无非是三种：一个是中子，一个是正电子，一个是负电子。

这也可以有助于我们理解什么叫"三生万物"——这三个东西构成了我们能够看到的一切万物。那么这三种最基本的粒子被统称为基本粒子。基本粒子的共性，在近代物理学领域叫量子属性，而所谓的量子属性就是波粒二象性。波粒二象性也有着共性，它们的共性就是"能量波"，也就是说"波"是波粒二象性的共性。那么我们所说的"粒子性"到底是什么？其实我们从光的波动原理和波动干涉原理中就能知道粒子性是"波动相干涉成像"。近现代科学研究电子的时候，科学家发现电子其实不是一个实体粒子，而是"波包"，是波形成的结。我们在术语上解释它为"驻波"，也就是"波"在空间形成的相对稳定的干涉像。因此，波动相干涉在空间形成干涉驻波的时候，我们是能够看到它的存在的，这就是所谓的"粒子性"。而佛家在描述到这种宇宙最初的存在的时候，把这种现象称之为"色"。当波动相干涉集结成像时就形成了所谓的"色"，也就是它的"粒子性"。而当干涉条件不具备的时候——没有形成空间相干驻波的时候，这个能量和能量波虽然在，但是它并没有成"像"，那佛家在这个系统里面管它叫"空"。所以"色不亦空，空不亦色，色即是空，空即是色"，而且它"不增不减，不垢不净"。

这样我们就找到了所有存在真正的共性。我们已经推演到了能量波，那么能量波实际也有很多种类。了解"波"的人都

波/粒二相性

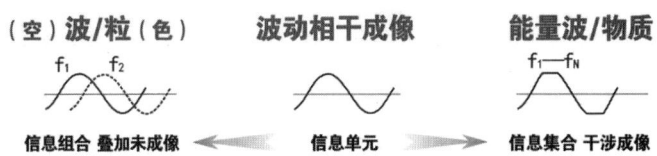

波粒二相性

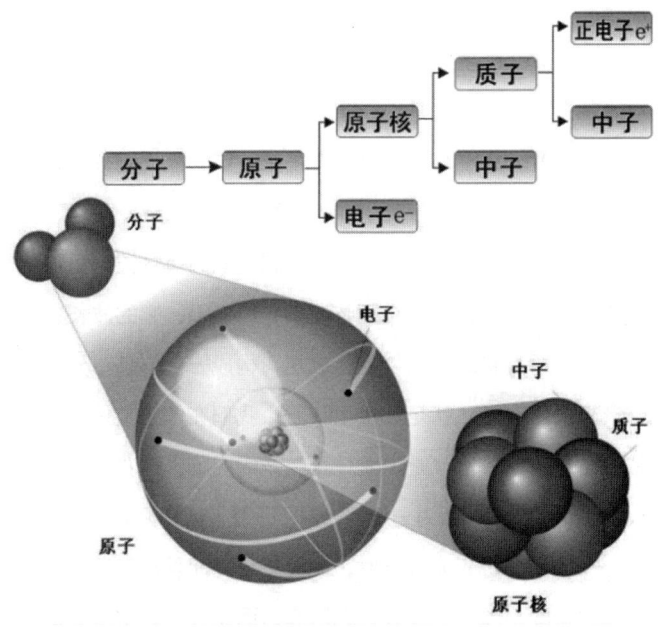

质子、中子、电子

知道，波有方波、巨形波、三角波，有各种复杂的波形。那么这些"波"存在怎样的共性呢？通过"傅立叶定律"[1]我们了解到其实所有的复杂能量波、复杂的波形，最后都可以被拆解，分解成正弦波，也就是 SinX。更有意思的是，正弦波有另外一个学名叫简谐波，而在我们的传统文化里，有一句话叫"大道至简"，恰恰说明了这个宇宙空间最简单的共性存在是正弦波。

那么在佛家系统里把正弦波称之为什么呢？称之为念，就是起念，就是一念。而佛家又有一句话叫"一念一众生"，所以它就是一个众生。当我们去理解佛教系统里对于宇宙存在的描述时，可以知道它是由众生和合而成，而这个众生起源于一念。而在道家系统里面，管这个正弦波叫太极，它分成阴阳两部分。SinX 也分成上下两部分，我们定义上面是阳，下面是阴，所以它是阴阳的一种表达。而在我们的信息技术里面管它叫单一信息，也就是一个正弦波。它的振幅，它的波长，或者说频率，还有它的空间位置、位相，构成一个信息单元——一个最简单的信息，就是一个正弦波。我们在传统文化里面把正弦波描述成龙，也就是说龙是正弦波的图腾，说我们是龙的传人其实非常科学，因为一切都来源于正弦波，都源于这条"龙"。

一般人在研究能量波时，更注重研究能量波的振幅，也就是它的强度、频率、波长、色彩等，而忽视了非常重要的一个概念，就是正弦波——或者叫能量波的维度。不妨跟前文提到的空间概念相结合，就很容易想到能量波的维度了，也就是能量波的自由度。一维的能量在线上跑，二维的能量在面上跑，三维的能量在立体空间跑，到第四维它就超越时空了，所以其实能量波的维度比能量波的强度更重要。但是在一般情况下，大部分人没有把它和空间概念结合，忽视了这个概念，大家只在研究它的频率、它的强度。这也是为什么现代西方新时代运动在描述心灵、能量关系的时候，会大量地使用频率这个概念的原因，因为频率是以三维空间对波的认知作为基础的。频率实际上是时间的函数，也就是单位时间的振动次数。这种频率的概念给了我们一个很大的限制，也就是它跟时间的关联被绑定在一个时间是常量的概念里面了，所以它无法真正地描述更高境界的能量关系。那么更高境界的能量关系是什么？也就是不同维度的能量之间所呈现的像，它们之间是什么样的关系？我们发现它原来是投影关系，非常简单，一维是二维的投影，二维是三维的投影，三维是四维的投影，N-1 维是 N 维（N 趋于无穷大）的投影。当我们看到了这个投影关系呈现的时候，我们一下就对整个宇宙空间的存在产生一种完整的认知了。

为什么呢？因为我们发现了这种纵向逻辑关系，而这种纵向逻辑关系又可以跟我们人类所有智慧系统的来龙去脉连接上。所以，当我们知道一切都是能量波的时候，根据能量波的传输特性，也就是任意一个能量波它是可以遍布整个宇宙空间的,就像是在池塘里面,当我们投入一个石子的时候,它的涟漪,也就是它的波纹,会涉及这个池塘的所有角落。用简单的话来描述,就是任何一个能量波,它是遍布整个N维宇宙空间(N趋于无穷大)的,这是一个很重要的概念。那我们反过来再描述它的时候,也就是任何一个空间质点,所有的能量波都会通过它,而这些波通过它的时候,它的振动的频率、振幅,这些信息都会影响这个质点。这样就得出了非常简单的概念,这个空间的任意质点都具足宇宙中的所有信息和它们的相互关系,这叫宇宙全息律。也就是我们这个空间中的任意质点都具足宇宙中的所有智慧。这恰好是释迦牟尼佛出定的时候说的一句最重要的话,叫"原来众生皆具如来智慧德相",也是我们在道家思想里面讲的"道,无时不在,无处不有""道在屎尿",等等。因为任何一个质点,具足N维空间(N趋于无穷大)的宇宙智慧。此时我们再看我们整个的空间和能量描述,就能看明白了,零维和N维(N趋于无穷大)实际是一回事,它们都具足宇宙中的所有信息和它们的相互关系。而这个宇宙存在的所有东西的演化,全是在零维和N维(N趋于无穷大)之间呈现的。在它们的两端——零维和N维(N趋于无穷大)是完全合一的,中国有一个字描述它非常贴切,这个字就是"太"。在"太"这个字形中,"大"字部分体现了N维宇宙空间(N趋于无穷大);"太"字中这一"、",告诉我们这是零维空间。所以"太"比"大"要厉害多了，它是对整个圆满宇宙的一个最简单的描述，也是对空间的一个最简单的描述。所以为什么我们说"太极"，因为它把零维到N维（N趋于无穷大）全部描述到了。说到现在，我们基本上已经把这个理论的核心部分全部讲到了。

我写下的这些文字，其实我没有创造任何名词、名相，都是我们人类在近几百年而产生的名词、名相和逻辑关系。我们只是把它拓展一下、连接一下，找到了它们之间这样一个简单的共性、规律。而这个体系可以跟我们人类的所有智慧系统进行连接和相互印证。我在过去三十年里面，不断地用这个理论体系和不同的宗教、心灵系统，还有和不同的老师进行对话时，感觉到它真的非常好用。它让我们不需要再纠结于不同语境之间的差异，能很容易地找到所有智慧系统之间的关联，也帮助我们去理解每一个系统独到的优点，同时共性地帮我们理解了这些系统所描述的宇宙的最高境界其实都是合一的。

那么在佛教系统里面，描述的"佛"，它叫无上正等正觉。只有N维（N趋于无穷大）才能称之为无上。所以N维（N趋于无穷大）这一宇宙智慧，在佛教系统里管它叫"佛"。在道家系统里，最高境界是无极，只有N维（N趋于无穷大）才能堪称"无极"。在神学系统里，我们把它叫"神"，因为它是唯一的，只有N维（N趋于无穷大）才能堪称唯一，因为到了 N-1 维就有无穷多个了。而它又是一切的投影源,所以它是一切的主宰,也符合神的定义。我们在后面的章节中,会分门别类地跟大家做一些类似对应的逻辑上的关联,同时也把它跟我们的现实生活关联起来。

---

[1] 傅立叶定律:法国著名科学家傅立叶 1822 年提出来的(英文名字 Fourier),傅立叶方程包括傅立叶级数、傅立叶积分、傅立叶变换,傅立叶分析不仅仅是一个数学工具,更是一种可以彻底颠覆一个人以前世界观的思维模式。

多元智慧系统——从求同存异到无同无异

第二讲

这一讲是在核心理论体系的基础上展开对多元智慧的综合性描述。这种描述并不是真理，它和所有的描述是平等的。但它有个特点，它借用的语境是我们整个人类世界到现在为止最普世的一个语境，即科学语境，它可以跟所有的智慧系统、宗教系统进行相互印证。它既可以连接佛家系统、道家系统、儒学系统、神学系统，也可以连接伊斯兰教系统，以及现代西方的各种智慧与心灵系统。当每个系统都能被它连接的时候，它变成了连接所有智慧的一个纽带，它的本质可以让我们了解多元文化中的共性。

第一步我们叫做求同存异，这是针对三维空间而言。我们知道三维空间只不过是我们从零维到 N 维（N 趋于无穷大）这个宇宙空间描述的一个中间层次。这个中间层次的存在是极其复杂的，这种存在的复杂性不用我们过多地渲染和描述，我们每个人都有最深刻的体会。在用不同的语境系统描述同一个事物的时候，定义的体系，以及相应的名词、名相有着非常大的差异。

举一个简单的例子。任何一个物质用不同的语种去描述的时候，从读音、字形来说都有着巨大的差异，如果不能同时了解两个语言系统，是很难把它们连接起来的。就像用英文描述杯子叫 Cup，中文就叫杯子，它们虽然描述的是同一个东西，但要是不了解英文和中文的人，沟通起来其实是很难的。所以有个很简单的比喻，一个佛教徒和一个基督徒在争论中经常不知道对方在说什么。这就如同一个只会说汉语的人和一个只会说英语的人吵架，其实谁都不知道对方在说什么，这就是不同系统语境之间巨大的差异。

在我们现实的文化体系里面，这种差异比比皆是。而提到文化，我们又会怎样去解读它呢？其实在这个系统里去解读会比较简单：文化是信息的化现，"文"可以理解为信息，信息在现实中的呈现就是所谓的"文化"。那么信息在现实中的化现，以其不同的系统而呈现的时候就形成了文化与文化之间的差异，也就是多元文化的差异。我们人类面对这些差异的时候实际很有意思，总是立足在单一的文化背景下试图去解读存在的一切，也包括解读一切存在的文化，以及文化与文化之间的关联。在最早这些文化产生的过程中，因为受时空和地域的限制，所以每一种文化有它自己独特的时空属性。而这种独特的时空属性一旦形成知识，通过积累与传承后，就带着它形成时人类在那个局部的时空下对宇宙的一种描述，或者对智慧系统的一种描述，那么这种描述就形成了相对独特的一套文化体系，这套文化体系，它的独特性和完备性是相对独立的。

随着人类文明的发展，人类的交流方式和生命所跨越的空间越来越大，形成了文化与文化的交集，产生了多种文化之间相互的融合、碰撞。但是每一个文化完整的系统和另外一个文化系统之间的全然融合实际上是没有发生过的，也几乎是很难被真正呈现的，这就是我们在三维空间所看到的多元文化。人类总想用一种文化去统驭整个世界，也就是每种文化的代表都认为自己的文化确实是最优秀的，是真正能描述真理的。人类所有的宗教文明都在尝试着不断拓展自己文化的疆域，古代一个人一辈子走过的路、见过的人、经历过的事对于我们现代人来说可能一个月就搞定了。也就是说我们现代人的一生所能接触到的整个智慧系统的信息量要比古代社会一个人一辈子所经历的要多很多，所以现代人所面临的是一个多元文化呈现的时代。

神学文化系统在古埃及与中东产生，佛学系统在印度产生，道家思想和儒家思想在中国产生。实际上，这些思想几乎都产生于同一时代——轴心时代，在这个时代同步产生的这些文化因其地域特征在当地得到了传承。随着人类文明的发展，这些文化之间以各种方式碰撞、交流、博弈，走到今天就形成了世界上的几大宗教。在这个过程中其实还有着无穷多的小的文化系统不断地产生和消亡。

到了现在人们在寻求真理的时候会同时遇到用不同系统描述的真理，而每一个系统其实似乎都在告诉大家，真理只有一个。那既然真理只有一个，为什么我们不能把这些文化系统中跟真理相关的部分及其相同的部分结合起来呢？随着现代科学文明与信息的发展，我们现在在网上直接就能够搜索到几乎所有我们想知道的不同的文化系统。如果我们试图在这么复杂的系统中找出所有文化的差异与不同,那应该说即便是找两个文化系统之间的差异都会耗掉我们一生的时间和精力。寻找不同是永远没有最终结果的。所以在三维空间里,我们采用最基本的思想方法其实是求同存异,当我们在找相同的时候,我们对于那些不同是接纳的,是认同它存在的。

那么根据我们整个理论体系的描述,一维是二维的投影,二维是三维的投影,三维是四维的投影,也就是说,三维的投影源是四维。大家注意,我们在讲机械制图的时候,描述一个三维立体物质时,用了一种简单的方法就是投影方法,把它投影成三个二维的图像,我们把它称作三视图:正视图、侧视图和俯视图。这三个二维的图像可以比较完整地反映三维立体物质的全部信息。这就是一个非常形象的三维和二维的投影关系。但是大家知道一个三维立体的物质或者一个三维立体的事物,它其实有无穷多的二维投影。

在这里我们顺便讲一下相对论中的一个概念。在相对论中有一个概念:当物体快速运动,随着运动速度不断地接近光速,在运动方向上物体的长度会变短。这其实给了我们一个非常重要的启发,就是当我们在不同运动速度的三维空间里观察同一个物质,它的几何形状是不一样的。我们不妨做一个实验,拿一支笔,当我们转动这支笔的时候看它在墙上的投影,我们会发现投影的长度是不同的。当这支笔平行于墙面的时候，我们看到的这个投影是最长的；当它垂直于墙面的时候，我们看到的投影是最短的。借由这个概念我们能够知道二维是三维的投影。而不同的运动速度是跟时间相关的，因为速度 = 距离 ÷ 时间。

所以，爱因斯坦的相对论的另外一个概念是，当物体接近光速运动的时候，时间变慢。大家注意这个"变"字是最重要的核心点。因为在三维空间里面，我们关注的变量只有三个，也就是一般普世的知识结构里面给我们建构的三维空间的长、宽、高三个变量。在这个三维空间里面，时间是个常量，它是按照格林尼治天文台的石英振子的振动频率界定的，每一分、每一秒的长度都是固定的。

可是相对论中讲，当接近光速运动的时候时间变慢，也就是说，在这个状态下时间成了变量。大家注意，在不同运动速度的三维坐标系里面，这个不同的运动速度我们既可以理解成运动的距离是变量，也可以理解成时间是变量，这是一个比值，是距离 ÷ 时间。这两个变量的存在都是有可能的，当我们知道二者都有可能是变量的时候，那我们就知道不同运动速度的三维坐标系，它所描述的任何一种物质，它的空间尺寸因时间是变量，是可以呈现不同的。而这种不同恰好可以以投影的形式呈现出来。

这是一个很有意思的逻辑关系，我们知道了原来四维是三维的投影源。那到了第四维，其实我们看到无穷多的三维投影，彼此之间是完全平等的。这就像我们拿着一个三维物体，我们看它所有的二维投影其实是完全平等的。它们都反映着一个局部的信息，它们组合起来构成了整体的信息。因此到了第四维，所体现的叫求同尊异，也就是在投影源里它们合一了，而在投影的像上它们各不相同，或者叫有不同的呈现。所有的投影最终合一于投影源，所以我们把它叫求同尊异，叫尊重一切存在的时空合理性，也就是所有的投影其实都来自于投影源，而在不同的投影里面同一个事物所呈现出来的像是完全不同的。

那么这些不同的投影像彼此之间的关联是什么呢？这种关联只有回到投影源里面我们才能真正找到它们之间关联的本质，而在投影像上去找它们的关联就很复杂了。所以，求同一定是在更高维度里面找到它们的"同"，尊异就是可以在不同的投影里面去尊重每一个投影中的呈现，那么在投影源里它们的关联可以通过不同的系统呈现在它们投影的像中。我们在复杂的投影像里去找它们之间的不同其实没有任何意义，因为它们本来就是不同的。我们去找它们的不同只能让我们在不同里面消耗掉我们的生命，把我们的注意力分散在独立的像和像的所呈现的复杂关系上。而只有进入投影源，我们才能看到所有投影像的所有逻辑关系在投影源里面的本质关联。大家注意，在投影像上我们如果把它称之为关系的话，这种关系回馈到投影源，我们把它叫"缘"，这个缘就是缘分的缘。

这样我们就能明白什么是缘。我们常说这两个人有缘，随缘，等等，缘到底是什么？我们用这个系统来描述它就变得很简单：缘是投影源里的关系。我们现在身边的每个朋友，有很多我们过去不认识，没有机会交流，但是我们有缘，因为在投影源里本来就已经建构了一种关系，而我们今天的相遇，就是缘分具足，在今天之前叫有缘无分。

我们也就理解了佛教系统为什么对一切的事物不讲开始，不讲结束，只讲缘起，也就是一切实际上是因为投影源的信息而呈现的，因为到第四维时间是变量，那时候在任何一个空间里面，包括三维空间里面的开始和结束都被超越了。当时间是变量的时候其实已经不存在所谓的开始和结束，所谓的过去、现在和未来。这个时候再描述这件事情什么时候开始，什么时候结束，在第四维空间已经没有意义了。三维时空中人的认知逻辑会认为一件事情有开始，有发展过程，有结束，到第四维就没有这个概念了。或者说到第四维这个概念被超越了，所以我们称之为缘起。缘在投影源里面所包含的信息，相同的部分是更本质的，所以我们叫"求同尊异"。这在道家系统里管它叫"地法天"，"地"是代表三维，"天"是代表高维，所以到了求同尊异的境界也就是四维境界的时候就进入"地法天"。因为三维的"地"已显示四维的投影，源于四维。

从四维往上，五维、六维、七维，一直到N维（N趋于无穷大），在这个过程中，实际进入了一个无限递增的空间状态，我们把它叫作"归同了异"。为什么这么说呢？也就是说到五维的时候，五维是四维的投影源，它归同所有的四维，同时站在五维的角度去看所有的四维，所有四维的信息一目了然，所以它叫"归同了异"。那六维呢？归同所有的五维，了然所有的五维，所以从四维往上，我们都可以用"归同了异"来进行描述。

"归同了异"就是所谓的"天法道"，我们说比三维的宇宙更博大的空间是四维的，再大是五维，自由度再高是六维。一直不断地去描述的时候我们发现，天有不同的层次、不同的境界。三维的天、四维的天、五维的天、六维的天……天变成一个抽象的概念，随着维度的提升，天的境界在提升，所以叫"天法道"。因为它的方向是指向N维（N趋于无穷大）的，这就叫"天法道"。

那么当达到了N维（N趋于无穷大）的时候，一切都合一到N趋于无穷大的最高境界。大家注意，到那个境界的时候是合一的，全然合一的。在那个状态里面所有的分别都不存在，所以它叫"无同无异"，N趋于无穷大的时候，进入一切的投影源在内的本源境界,我们把它称之为"道法自然"。那是最高境界,在这个境界里面它符合佛教对佛的描述——无上正等正觉。它同样也符合对道的描述——无极,无时不在,无时不有。同时也符合对神的描述——它是唯一的,因为在那个境界中全然合一。它又是一切的主宰,它是一切的投影源。所以我们说的多元文化系统、智慧系统在 N 维(N 趋于无穷大)这个概念下,它们合一了,它们统一起来了。

当然,人在不同的系统里会用不同的形象化的概念描述它们不同层次的能量状态。但是所有智慧系统在描述到最高境界的时候,都超越了形相,都不是以一个有形有相的东西来描述的。如果我们真正理解到这个层面的时候,才会明白为什么释迦牟尼佛说"谁说我讲的是佛,谁就是谤佛"和"若以色见我,以音声求我是人行邪道"。也就理解了神学系统里,特别是基督教系统讲上帝的唯一属性,而不让人执着在中间任何层次的能量呈现上,也就是所谓的不拜偶像。伊斯兰教描述真主的时候描述他是一个无形的存在。

因为在 N 维(N 趋于无穷大)这还是一个相对的概念。在这个相对的概念里面,它是永无止境的一种描述状态,这就是道家说的"道可道,非常道",只要你说出来就不是道了。言语道断,我们今天借这个逻辑也只是在描述它而已,这个逻辑体系不是真理,它不过是对真理的一种描述而已。但是借由这个描述，我们看到了不同宗教系统、不同智慧系统描述它们时的共性。我们现实的存在和最高智慧境界的关联可以进行相互的印证，虽然空间分解层次的方式不同，但分解的内涵本质是没有区别的。这就相当于切蛋糕，可以横着切也可以竖着切，可以斜着切也可以转着圈切。切的方法有无穷多种，你下刀的密度有无穷多种可能，但是切的蛋糕的本质并没有变。当我们看到它们本质的相同之处时，再去理解这些分解的方式、方法，我们就会尊重每一种解读方法。因为每一种解读方法都有它的意义，而它们之间本质的关联已经不是方法的差异，是真正所描述的内涵，是它们之间的共性。

这一讲的内容也是高度概括的内容，在后面会逐步展开，因为每个系统都是很丰盛的，在系统之间我们用逻辑体系梳理一下，能帮助我们去发现系统之间的共性和它们之间的差异。

寻找不同是永远没有结果的。

佛学智慧系统——整体宇宙能量关系的详解

第三讲

从整体时空概念来看，佛学智慧系统是对这个宇宙相对而言更完整、层次分解更精细的描述体系，它是从零维到N维（N趋于无穷大），每一个空间层次它几乎都有涉及。所以在空间描述上，佛学是一个非常完备的描述体系。释迦牟尼佛讲了四十几年佛法，在这段漫长的时间里面，为启迪不同层次的生命，他把各个层次的生命智慧进行了相当精细的描述。

首先我们来看"佛"的定义，在佛教系统里面，对佛的定义叫无上正等正觉。无上正等正觉正好符合了N维宇宙空间（N趋于无穷大）的宇宙智慧。因为只有当N趋于无穷大的时候，才能堪称无上，所以无上正等正觉是对整个宇宙智慧一个完整的描述。那么用佛学智慧描述空间的时候是怎样的呢？《楞严经》里面描述如来藏的时候，实际就是描述空间的。它有三个层次的如来藏，第一个叫空如来藏，第二个叫不空如来藏，第三个叫空不空如来藏。在这种空间层次里面怎么理解它呢？实际上，所谓空如来藏指的是N维（N趋于无穷大），也就是这个时候它没有任何相的呈现，只有到N趋于无穷大的时候，它才能超越一切中间层次。但是空如来藏的"空"字又包括了所有的存在，所以佛教讲的空性不是没有，而是一切存在都包括在内，只是不执着在任何一种存在的单一形态上。不空如来藏指的是零维，它指的是"即"——即刻，也就是当下。在每一个当下，在每一个时空的节点，在每一个不占空间体积的质点里面包括宇宙中的所有智慧和它们的相互关系，也就是宇宙全息律的全息点，它叫不空如来藏。这一点里面包括了万有，包括了一切的存在。空不空如来藏就是 N-1 维到四维中间的这个层次，它既有空又有不空。空掉三维进入四维，空掉四维进入五维，而在每一个维度里面，每一个质点、每一个当下，它都是既通达 N 维又通达零维的。所以说在对整个宇宙空间的描述中，佛学智慧描述得相当完整。

在佛学智慧中对整个空间的描述还牵扯两个非常重要的概念：一个是无漏。也就是从零维到 N 维（N 趋于无穷大）选择的这个坐标描述体系，它可以堪称无漏。所谓的无漏就是没有任何信息在这个之外了，它包括了所有的信息和他们的相互关系。另外一个是无量。一个无量是在 N 维（N 趋于无穷大），因为它是一个趋向，趋向无穷大，那么它就是一个无量；另一个无量是在零维，也就是在这一个质点里面包含了无穷多的信息和它们的相互关系，这又是一个无量，这两个概念体现了佛教所讲的无量。

而在空间层次的描述里我们知道一维是一条线，二维是一个平面，三维是一个立体。实际上不同维度空间包含的信息量会不一样，它们彼此有一种包容的状态。可是我们人类在观察这个世界时，只观察到一维、二维、三维，也就是我们在我们身外看到的。那四维在哪儿？四维是投影源，从外面看到的都是三维以下信息，而到第四维，都在我们的内在了。所以，四维、五维、六维一直到 N 维（N 趋于无穷大）全是在我们的内在。从这种不同次第也就是不同维度的投影关系中我们知道，一维里面有无穷多个点，二维里面有无穷多条线，三维里面有无穷多个面，我们知道每多一维，将多出无穷多倍的智慧。所以佛教对于宇宙的不同维度有大梵天、忉利天、他化自在天、兜率天这样的描述，也有所谓三十三重天等等。其实这些描述每差一个维度，就相当于人和蚂蚁的差异。所以我们知道在描述十地菩萨的时候就了解了菩萨的层次，每差一个维度的菩萨、差一地的菩萨就相当于人和蚂蚁的智慧差异。所以我们能够通过这种相对的空间概念，来理解所谓的描述佛的最高境界，也就是 N 维（N 趋于无穷大）的智慧的呈现和我们三维人所呈现的智慧状态之间的差异。当三维认知把我们限制在一种三维存在状态的时候，它跟 N 维（N 趋于无穷大）相比较是基本可以被忽略不计的。

为什么呢？因为三比无穷大等于零，四比无穷大也等于零。五比无穷大还等于零。所以我们得出一个基本的概念：任何一个有限数比无穷大都等于零，这是一个很简单的数学概念。这符合《金刚经》里的一句话："一切有为法，如梦幻泡影，如露亦如电，应作如是观。"而当我们内在正不断地扫除我们的障碍，超越障碍而实现内在智慧达到无穷大的境界时，这个公式就变成了无穷大比无穷大，无穷大比无穷大在数学上等于一或任意数。这个一就是所谓的天人合一，任意数指的是遍周天法界，无时不在，无处不有。所以，真正天人合一指的是什么就不难理解了。我们对天人合一的理解会因为我们认知层次的不同而不同。有些人会认为天人合一就是我们现在看到的有限的宇宙空间和我们人类之间的关系。其实这远远不够，因为我们看到的空间全是三维的，三维的宇宙跟我们人的合一只是一个极其狭窄的天人合一的概念。四维、五维、六维一直到 N 维（N 趋于无穷大），整体宇宙和我们整个身体、每个人的存在的这种合一，才是真正的天人合一。

所以所谓天人合一的宇宙观是一种全然整体的多维全息的宇宙观。这种多维全息的宇宙观让我们整体地观察宇宙，看到宇宙中所有信息之间的关联，这才是所谓的天人合一。所以借用这个空间概念来理解无漏、无量、天人合一等，就能够知道佛学的博大精深。

那么我们再来看一下佛学中经常提到的一句话"缘起性空"。我们在前面说到了，低维事物是高维能量关系的投影，而这个投影源里的能量关系，我们把它称之为"缘"，也就是缘分的"缘"。我们在现实中见到的一切，在投影源里都有着它的本质关联。所以实际上我们每个人彼此之间，都有着内在投影源里的关系，那种关系叫"缘"。而当这个关系在某个三维空间里还没有重合的时候,还没有相遇的时候,叫有缘无分,而在同一个时空点上投影出来就叫缘分。

"缘"这个字,佛家用它的时候用得非常之精妙。为什么呢?因为它超越了我们有限的三维认知。在三维空间里面,我们很难理解这个缘和关系的区别。当我们从纵向看到这个空间差异的时候,我们才知道它是投影源和投影像之间的关系。那佛家为什么用"缘起"这个概念?是因为在三维空间里面时间是常量,有开始有结束,而到了第四维时间是变量,它就不存在任何一个事物所谓的开始和结束。佛家有一句话叫缘起,缘起是因缘而起,因什么缘呢?因投影源里面的能量关系而在这个空间里的呈现,这叫缘起。所以用这个逻辑来解释缘起的时候,我们知道了佛家智慧的严谨。

但是我们生活在三维空间的人,在描述宇宙事物的时候往往都在追求它所谓的开始和结束。像科学家研究所谓宇宙的起源,如果他这个"起源"用的是"缘分"的"缘",那还可以说得过去,如果他用的是"源泉"的"源","源头"的"源",那他只是有三维认知而已,他无法描述这个宇宙的究竟智慧,但是这样的认知是被我们三维的人广泛坚信的所谓科学道理。三维中最大的认知障碍,其实就是时间概念,也就是把时间当成常量的这个概念。当时间是常量的时候,我们对微观世界的理解的障碍,是因为时间分辨率不够了。在有限的最短的时间间隔里面，我们能观察到的微观事物的变化，已经无法精准地捕捉到它的空间定位了，所以我们看到的电子呈现的状态叫电子云，对于基本粒子量子物理学研究中有着所谓的测不准原理。[1]而我们对宏观世界理解的障碍，是因为时间尺度不够了，一百光年以外的事情，跟我们没什么关系，因为死的时候还没来呢。可是当时间是变量或提升一个维度的时候，我们就可以把一秒钟变成一千年、一万年、一亿年、一亿亿年，微观世界的事情就可以了了分明，我们可以任意地去观测到更微观的世界。我们也可以把一万年缩短到一秒钟，所以宏观世界外层空间的世界可以瞬间被拉到眼前，这叫空间折叠。就像一条绳子或者一条线的两端是A和B两点，一只蚂蚁从A点爬到B点，在这个一维线上它是需要时间的，可是到了二维空间我们就可以把A、B给对折到一起，这个蚂蚁瞬间就从A来到了B。这就是所谓的空间折叠，也就是说低维空间的折叠是发生在比它高一维的空间里的。现实中在我们的一些文艺作品里面讲到所谓的穿越，所谓时空隧道等，这些科幻名词讲的实际都是这个概念，包括虫洞，都指的是第四维时间成为变量的时候，而呈现的这种空间运动状态或者空间事物的存在状态。

那么"缘起"背后的"性空"是什么意思？这里面说的"性"指的是"本性"的"性"、"自性"的"性"。也就是说三

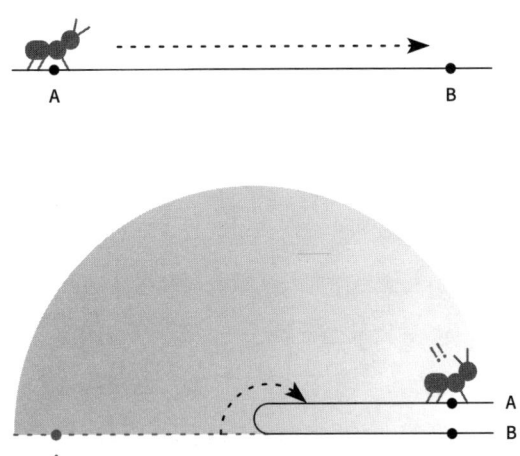

维空间的相,它是缘于四维能量关系的,也就是四维能量关系的属性及特性决定了三维能量呈现的相。而五维能量的属性及特性决定了四维能量所呈现的相,以此类推,N维(N趋于无穷大)空间的属性及特性决定了N-1维能量所呈的相,那当N趋于无穷大的时候就是所谓的自性和真正的本性了。当我们空掉三维的时候我们得到四维智慧,进入四维投影源;空掉四维的时候进入五维的投影源。所以当我们一维一维空掉,空到最后的时候,就达到N维(N趋于无穷大),这个时候的自性就是所谓的空性。所以缘起性空是指真正的空性在N维宇宙空间(N趋于无穷大),它不是没有,它是包括了万有,一切存在尽在其中。佛教在这个宇宙空间的描述中,把不同层次的能量关系描述出来，同时又把最终最高境界的智慧用缘起性空加以描述。因为 N 维（N 趋于无穷大）是一切的投影源，所以这个地方是所有呈现的最核心的缘起，也就是真理所在的境界。我们经常说真理只有一个，指的就是这个。这个宇宙的真正的真理就是 N 维宇宙空间（N 趋于无穷大），因为到 N-1 维投影就有无穷多的了。所以我们在整个宇宙空间能看到、能想到、能感受到的一切，都是投影的能量关系，其实都是假象，而真相是无相，真正的真相是不呈任何相。虽然它不呈任何相，但它又具备了呈所有相的基本条件。

佛教智慧里面还有一个非常重要的概念叫因果律。我们大部分人在现实之中去理解因果律时会觉得比较勉强，实际上我们可以借用一种简单的方式去理解因果律，即借用作用力与反作用力这样的物理定律。当我的手在敲击桌子的时候，我敲得越重我的手就越疼，因为我用的作用力越大反作用力就越大。所以作用力与反作用力在三维空间里面，它们大小相等方向相反且作用于同一时间。可是到了第四维，时间成为变量，这个时候作用力与反作用力定律变成了大小相等，方向相反，不一定作用于同一时间，也就是说有前因必有后果。当我们相信在三维空间里面有作用力必有反作用力的时候，它的这种因果能量关系的呈现，其实并不难理解。而到第四维，当时间是变量的时候，作用力与反作用力不一定作用于同一时间的时候，我们依然相信有作用力必有反作用力,也就是说有因必有果。所以佛家的因果律讲的是能量相互作用的关系,这种作用关系的同时存在和不同时存在,它们是对等的。

那么相信因果律对我们现实生活中的人有什么意义呢?其实有很深刻的意义。在一个在现实中生存着的人的生命事业发展过程中,机会会随时出现。当他的机会来临的时候,如果他的心情不好,他根本无法把握这个机会,甚至是看不出这是个机会;而如果他的心情愉快,他可以轻松自如地把握这个机会,甚至可以超水平发挥。他心情不好的时候,即使这个机会被他看出来了,他也只能发挥潜能的20%~30%,机会很有可能就这么被浪费了。所以我们可以得出一个非常简单的概念,在现实中想要成功的一个关键点就是每时每刻保持心情愉快。

我们知道,在现实生活中时刻保持心情愉快并不是一件容易的事情。那么比它更高一层的就是要随时保持良好的心态。保持良好心态有不同的方法,心理学可以帮助我们通过心理平衡,通过不同的方式来保持这种良好的心态。而我们的人生经历,也可以使我们获得心态的平衡。对于我们从来没有遇到过的打击或者困境,如何能在这种情况下让自己保持积极的心理状态?这就需要心念。而相信因果,恰好是一种能够让我们在现实中迅速从一个不良的心理状态和一个打击中跳出来的方法。因为在现实中不管发生什么灾难,不相信因果的人会觉得自己为什么这么倒霉？为什么是我？而笃信因果的人会想，这件事一定有前因，他会觉得这次的倒霉是还了之前的一大笔债。试想一下一个欠了很久的债被还掉是一种什么心情？所以他可以迅速地从这个打击中跳出来，他不但不悲伤不痛苦，反而有一种释怀。

所以佛教智慧因果律，让我们能够在每一个当下迅速地从一种负面的意识能量状态转换出来、跳出来。能够让我们生命生存的能量保持一种积极向上的状态，这就是所谓的正能量状态。相信因果律不是一种消极被动，相反它是给我们在每一个当下的提示，提醒我们随时调整、觉察并转换自己。

佛教智慧里还涉及一个概念，就是我们这个宇宙空间的存在。用四大假合来描述。也就是我们的三维空间里的一切存在，特别是我们身体，它是用四大假合——地、水、火、风加以描述的。那么地、水、火、风又是代表着什么样的物理意义呢？它并不完全是我们在字面上看到的地是大地、水是水、火是火、风是风，它代表的是能量的自由度。也就是地代表着所有的固态物质的一种存在状态，这是能量自由度相对最低的状态，也就是能量的这种成像干涉状态相对稳定。水是我们在三维空间里面能够感受到、看到、触及到的最自由的物质能量，或者叫有形能量，所以水的自由度比固体要高。但这个水并不仅仅是我们看到的喝到的水,它代表的是一种液体状态,它是液态的物质,所以它的自由度高于固态的物质。火的自由度代表物质在燃烧的状态,它可见、可感知,但是它的自由度又高于水。风代表的是气,空气、气流,它的自由度又高于火。所以地、水、火、风是一个从低自由度状态到高自由度状态的能量描述,而这四个部分恰好被佛家描述成组成我们现实有形有相世界的四大元素。它其实与我们现代化学里面描述的这些元素并不矛盾,只是它比较概括地把固体、液体、火和气体这个能量状态做了一个非常初步的分解、分述。

实际在印度教系统里面,对整个宇宙存在的描述用了五个层次:地、水、火、风、空。印度教将这个空称之为以太,这个空指的是高维能量状态。而佛家讲的四大假合指的是有形空间,在有形空间里面形成一些物质。再进一步讲,这个空也就是空性的空,是进入高维投影源的能量状态。在道家系统里面,用"气"来描述这些能量,也就是说所有能量都可以用"气"来加以描述。从繁体字来讲,在三维空间就是有形空间的那个气,它里面是一个"米"字,就是我们简体字"气"里面加一个"米"字;而到了三维和四维的临界态这个"气"里面实际上是一个"火"字,一个"火"一个"气",正好代表的是三维和四维的临界态,也就是现代科学讲的量子态。再往上的气也就是四维以上的,它是一个"炁",这个气又被称为所谓的真气，就是高维能量。因为它是投影源，是本质的东西，所以它叫真气，这个气跟我们的身体以及宇宙空间的整个能量场有非常密切的关联。这部分我们在下一讲会讲到。

在这一讲，关于佛学与科学，我们不得不谈到一个非常重要的话题，就是色和空的概念。我们在前面讲到这个宇宙内的一切存在都是正弦波，是能量波。当两个正弦波相遇时，如果它们的振幅频率相等，就会在特定的位相也就空间位置上形成一种状态叫干涉，振动在有些局部会增加，而在有些地方也会相互抵消，会在空间内形成明暗相间的干涉条纹。那这两个能量干涉形成的干涉条纹，所呈现出的相我们把它称之为"色"，而当干涉条件不具备的时候，这两个能量波即使在这儿也不会成相，佛家管它叫"空"。所以"色不异空，空不异色，色即是空，空即是色"，而且它"不增不减""不垢不净"，不会因为这个地方成相就多了点儿什么，也不会因为这个地方没成相而少了点儿什么。《心经》里面还说到了"受想行识，亦复如是"，这个"受想行识"其实也是能量的一种作用状态，只是它不是以成相的方式作用，也是能量叠加的一种状态。一共有五种状态，叫作"色受想行识""色不异空空不异色""受不异空空不异受""想不异空空不异想"等，指的全是这个能量概念。而《金刚经》也讲到了非常重要的另外一个概念，叫"因无所住而生其心"。在这里所说的"心"实际是指意识的更深层的呈现。

浅层意识对于深层意识而言，它是一种障碍。也就是当我拿一张纸挡在我眼前的时候，这个二维认知相就障碍了我和三维信息的连接，而当我拿掉所有眼前二维相的时候，我才能看到现实中三维空间的事物。同样在三维空间里生活的我们，意识中充满了大量的三维信息，只有当把最后一个三维认知、三维执着的相从意识中拿掉的时候，我们才能得四维智慧。所以所有的修炼，让我们做的一件事情就是三个字"去杂念"，这也就是所谓的放下和放空。当我们放下三维、放空三维的时候，形成三维的真空，会生出第四维的信息叫妙有，这就是所谓的真空妙有。放掉四维执着，我们得五维妙有，放掉 N-1 维的执着，我们得 N 维（N 趋于无穷大）的妙有，所以空和有实际是一个交替作用，真空和妙有它是同时呈现的。你空掉了低维就获得了高维，而获得的"有"，被称之为妙有；而所谓的三维的空，它确实是不空，它其实是因更高境界的"有"而呈现。所以当我们不执着于任何一个有限维度的时候，我们才能不断地进入我们更深更高的内在境界，这叫"应无所住"；我不住在任何一个维度的时候，我们才能跟 N 维（N 趋于无穷大）的智慧连接，而那个"心"是本心，是自心。

佛教系统里面存在大量的高维实践，这里我们要提到的就是所谓的经文和咒语。在现实生活中，任何一个文字只要它呈现的相在我们眼前,那么呈现这个文字的能量分布就会存在于这个空间。因为任何一个相的呈现都是能量投影在这个三维空间的。所以说经文只要在这儿,那形成经文的能量就在这个空间分布里面了,所以有句话叫"经在佛在"。就好像《金刚经》这样的经文,它的投影源来自于 N 维宇宙空间(N 趋于无穷大)。所以当我们去诵经的时候,我们就跟这个能量做着调制,我们就在跟最高境界的能量在做着同频共振,这就是一种高维实践。那咒语也是,咒语是来自高维空间的音波能量。当我们念诵咒语的时候,我们整个意识跟这个咒语的能量在进行着共振。有各种各样的咒语,它们来自不同层次的空间,具有不同的能量属性,对应我们三维空间的不同的能量分布,它也许可以化解不同的能量纠结。所以咒语和经文有着非常高的能量境界。

我们举一个例子。在净土法门的咒语中,大家最熟悉的就是"阿弥陀佛",翻译成普通话,它的意思是"无量光无量寿"。我们再把它转化成科学语境来讲,无量光是 N 维宇宙空间(N 趋于无穷大)的宇宙能量,无量寿是穿透一切宇宙时空。所以"无量光无量寿"实际是这个宇宙中最大的能量波。当我们念诵这条咒语的时候,我们就在用这种能量调制我们的身体,把我们周围的这些杂波进行一种调制。这就相当于一个打包技术,将杂波进行调制然后打包带走,也叫载波技术,[2]

也就是所谓的带业往生。其实佛教智慧博大精深，将其跟科学逻辑对应解读，还有很多很多的话题，任何一个佛经如《心经》《金刚经》《六祖坛经》都可以是完全独立的课题，这种解读方式可以帮助我们更好地理解经文的奥妙。

---

[1] 测不准原理：又称不确定性原理（Uncertainty principle）。由海森堡于1927年提出，是量子力学的一个基本原理。这个理论是说，你不可能同时知道一个粒子的位置和它的速度，粒子位置的不确定性，必然大于或等于普朗克斯常数除于4π（$\Delta \times \Delta p \geq h/4\pi$），这表明微观世界的粒子行为与宏观物质很不一样。

[2] 载波技术：电力载波通讯即PLC，是英文Power line Communication的简称。电力载波是电力系统特有的通信方式，电力载波通讯是指利用现有电力线，通过载波方式将模拟或数字信号进行高速传输的技术。
　　该技术最大的优势是不需要重新架设网络，在现有电线上实现数据语音和视频等多业务的承载，实现四网合一。终端用户只需要插上电源插头就可以接收节目或者打电话。

道学智慧系统——天人合一与道法自然

第四讲

道学系统是如何描述整个宇宙空间层次的呢？在《道德经》里有一段话叫"失道而后德，失德而后仁，失仁而后义，失义而后礼，失礼而后利"。这是什么意思呢？道是N维宇宙空间（N趋于无穷大）的宇宙智慧。离开道，进入N-1维叫失道，"失道而后德"，所以从N-1维到四维，全是德。这样我们就不难理解什么叫德高望重，什么叫厚德载物。"失德而后仁"也就是从四维进入三维空间，就离开了德的境界，这叫失德，这个仁，就是所谓的大爱。

我们再看这个仁，它是由立人和一个二组成的，它代表着两个人，一个是有形的人，一个是无形的能量态的人；一个是粒子态的人，一个是波态的人。而仁代表的大爱，我们一般人都了解，其实爱是我们这个三维空间能感受到的最大的宇宙能量。这样我们就从《道德经》里了解到道学智慧对整个宇宙空间层次的描述，跟我们用科学语境描述的这个空间结构是高度吻合的。道学智慧在它的整体宇宙观里，强调的是天人合一。

我们怎么理解这个天人合一呢？我们现在所处的是三维空间，而这个宇宙是N维（N趋于无穷大）的。我们三维空间的整体信息和N维空间（N趋于无穷大）的整体信息相比较是微乎其微的，甚至可以忽略不计。也就是说三比无穷大等于零，根据数学规律，四比无穷大也是等于零，五比无穷大也等于零，任何有限数比无穷大其实都等于零。所以在佛学系统里面,有一句话叫"一切有为法,如梦幻泡影,如露亦如电,应作如是观",也就是说,在中间层次上,所有的信息存在与宇宙圆满的道的智慧相比,都是可以忽略不计的。

而当这个内在的维度提升到了N维(N趋于无穷大)的时候,这个公式变成了无穷大比无穷大,无穷大比无穷大等于一或任意数。这个"一"才是真正的天人合一。我们一般的三维空间里的人理解的天人合一只是凭三维概念理解天和人的关系、宇宙和人的关系、天体和人的关系。其实当我们从N维宇宙看的时候,这个天人合一远远超过了我们的知识层次所能理解的范畴,真正的天人合一指的是N维宇宙空间(N趋于无穷大)的宇宙智慧和我们每一个当下是合一的。

另外这里面还隐藏一个非常重要的奥妙,也就是零维空间。前文说到了,零维是宇宙中的任何一个质点,其小无内。根据波的传输特性,任何一个质点具足宇宙中的所有信息和它们的相互关系,也就是具足宇宙中的所有智慧。所以N维(N趋于无穷大)和零维具有完全相同的属性,这是一个完整宇宙的描述。而这个宇宙描述,把所有的智慧、所有的信息全部包括在里面了,这是真正的天人合一。建构在这样的宇宙观下,我们才能对整体宇宙有所了解,我们才能真正了解道,明白为什么说它是无时不在、无处不有。

我们用一个最简单的汉字来总结这段描述,这个字就是

"太"——太极的太。"太"字中的"大"代表N维（N趋于无穷大），那一点代表的是零维，一个空间质点。所以它代表了一个完整的宇宙，这就是我们东方文字的博大精深。我们再来看一下，在不同层次的空间里面的能量分布，是怎样从简单的能量波叠加成复杂的现实事物的，这就牵涉到《易经》的数理原理。

61页这张图，实际就是我们对《易经》的数理原理的一个描述。我们知道一切最简单的存在的共性是正弦波（SinX），它被称之为简谐波。有一句话叫大道至简。我们可以看一下正弦波的图片，它分成上、下两个部分，这就是一阴一阳。在道学智慧里，阴阳合和为一，我们把它叫 $a+b=1$。这是一个单一正弦波的状态，当另外一个跟它同频、同振幅的正弦波呈现的时候，它们在特定的条件下会产生干涉。也就是说它们会出现局部相长、局部相消的空间能量分布特征，会出现干涉条纹。佛家把干涉条纹叫色，当干涉条件不具备的时候，能量波虽然在，但是干涉条纹不见了，佛家管它叫空。所以"色不异空、空不异色、色即是空、空即是色"，而且它"不增不减、不垢不净"。那么，两个能量波叠加干涉的现象，就是 $(a+b)^2=1$，把它展开就是 $a^2+b^2+ab+ba$。它们分别对应太阳、太阴、少阳、少阴。太阳对应火，太阴对应水，少阳、少阴分别对应木和金，它们的综合能量特征对应土。所以所谓的五行能量实际是两个能量波干

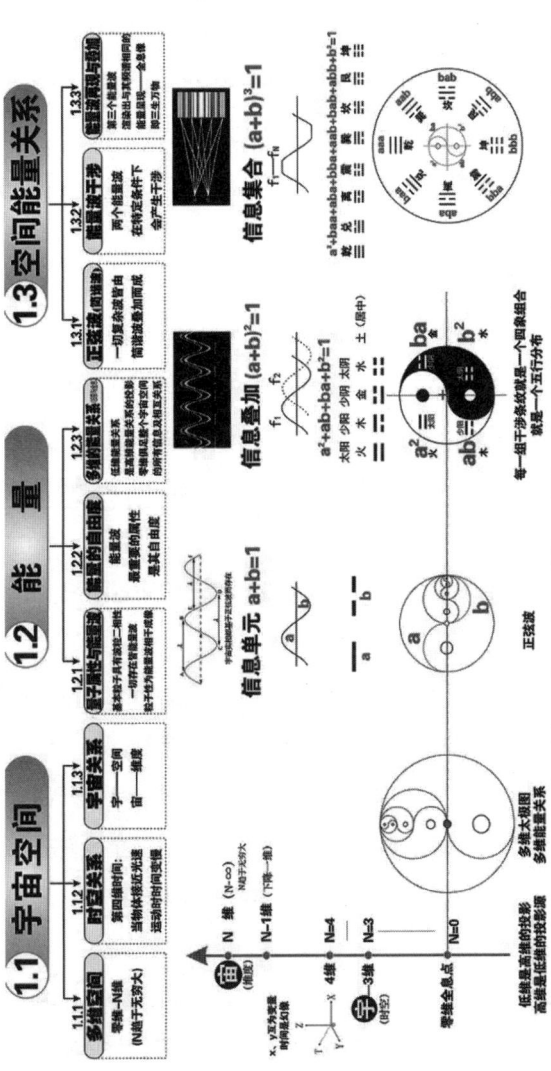

宇宙至简原理衍化图

涉的五种空间能量分布状态。那么在前文我们提到所有的两个能量波相遇呈现的现象，都被称之为干涉，那么两个能量波干涉在空间形成的干涉条纹，就是所谓的成像。如果在墙上挂一张全息干涉图，根据光学原理我们可以知道，它是由无穷多组干涉条纹组成的。

每一组干涉条纹对应一组信息单元的呈现，所以一幅干涉图是由无穷多组干涉条纹组成的。当我们从不同的角度看一幅干涉图的时候，我们看到的图形是不一样的，站在左边的人和站在右边的人看到的图是不同的。这说明不同的人意识所呈现的意识能量波是不同的。我们渲染这幅图像的意识能量波，它的再现波是不同的。这就出现第三个能量波，也就出现了 $(a+b)^3=1$。把它展开以后，就是 $a^3+aab+aba+baa+abb+bab+bba+b^3=1$。

它展开的式子就是八卦。所以不妨理解为八卦是我们在三维空间能看到的最简单的物质像，就是三道杠，就是三个干涉条纹。那么八个物质像和八个信息的像，没有呈现的信息集合叠加在一起的时候，形成八八六十四卦。它就是我们三维空间一切存在的事物的基因，也就是事物的基本频谱，这就是《易经》的数理描述。

如果我们用这样的逻辑去推广《易经》，即使外国人不一定了解中国的古文和中国《易经》相对晦涩的一些逻辑的时候,他们也能知道,原来《易经》是我们一切事物在这个空间中的起源。一个能量波、两个能量波、三个能量波,分别对应着道生一、一生二、二生三和三生万物。这个宇宙空间的一切事物只有六十四种基本分布。这六十四种基本分布的继续持续的复杂叠加,构成我们现实的一切事物。《易经》描述了这些事物叠加的规律,随着它的时空的变化,它能呈现出不同的状态。

所以我们注意到其中一个非常重要的现象:第三个能量波其实是最重要的。也就是说我们每个人看到什么,取决于第三个能量波渲染出的图像。而这第三个能量波,恰好是观察者自身发出的能量波。这个能量波的频谱,代表着观测者自身的认知,也就是它的频率特征。佛家管这种认知叫"业"。所以我们看到的外部世界的一切,实际都是由我们的认知投影出来的,我们有什么样的认知,我们就会渲染出什么样的外部世界的影像。这也是佛家所说的"万法由心,相由心生"。

整个宇宙的存在并不仅仅是三维空间。我们来看这幅太极图,它是可以用一笔画出来的。我们将它往小画,它可以画到其小无内,永远地画下去;往大画,它可以画到其大无外,永远地延伸下去。这幅图,我们叫它多维太极图。它告诉我们,在这个宇宙的不同维度空间都存在着两仪、四象、八卦的能量分布关系,也就是不同维度的生命存在。生活在三维空间的我们感受到的这些能量关系即使到第四维,依然是按照这个关系

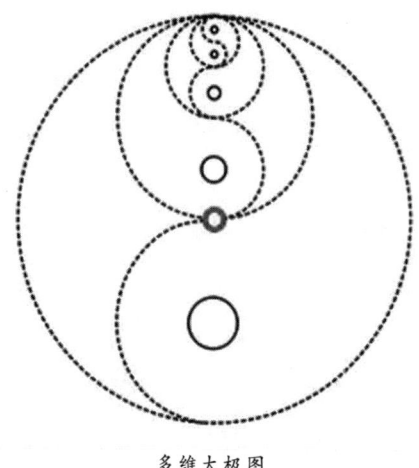

多维太极图

分布的,这就是我们讲的纵横宇宙观。

在整个道学智慧中,有一套跟我们现实最接近的系统,就是我们的中医系统。而中医系统的本质是来源于《易经》,来源于这个能量的叠加系统。我们知道在现实世界中,一切的呈现都是因为能量波干涉成像,而能量波干涉成像最重要的特点,就是当它呈现能量相对平衡的时候,我们才能看到干涉像。两个能量波相对平衡的状态下,这个干涉像才会存在。所以能量波的平衡,阴阳能量的平衡,才是呈现这个宇宙一切事物的基础。

我们再来看一下疾病。疾病是什么?疾病会呈现出病灶、病态、病象。它其实是不自然的能量平衡。治疗就是把这种不自然的能量平衡打破,让它恢复到自然的能量平衡状态,人就会恢复健康。西医的治疗是对治症状的。如果这种症状是一种正弦的能量分布，那它的治疗就用反正弦的手段去与它对治。症状遇到与它相反的能量分布的时候，症状就会消失。可是我们注意到，反正弦的能量分布其实也是不自然的能量平衡。症状消失了，但它带来了明显的副作用，这就是西医的特征。医生给你开一服药，当时就能告诉你它有什么副作用。中医的治疗方法不是这样的，中医的治疗方法是以五行能量平衡，从整体能量的平衡关系，系统性地对能量的平衡加以描述。所以中医是以整体系统的能量平衡作为它的对治目标。

那么在中医系统里，我们还用到了一种逻辑体系，中医把它称之为子午流注。其实任意一个维度能量，都符合两仪、四象、八卦的能量分布，它们都符合五行能量分布关系。实际到第四维时间轴上，也存在着五行能量分布规律，实际能量的分布在时间轴上，也是有着规律性变化的。这样我们就不难理解，中医在对治病症的时候，会选择在不同的时空点，对治不同的病。其实我们大家都知道，不同的时间跟我们的内脏的修复和内脏的能量关系是有对应关系的。也就是说我们五脏，是带着五种特征能量（金、木、水、火、土）的能量分布关系的，所以它跟时间的对应关系，形成了所谓的子午流注。如果这个能量在适合的时间去对治疾病，可以四两拨千斤、事半功倍；如果时间不对，反而达不到相应的对治效果，甚至还会起反作用。这就是为什么中医讲究节气,讲究治疗的时间点。

我们再来看一下干支哲学。天干能量指的是纵向能量分布,也就是时间能量分布,它符合五行能量分布关系;所谓地支是我们的三维能量分布关系。天干、地支合在一起,表达的是纵向能量和横向能量的叠加。也就是说,高维能量投影到三维空间的那一瞬间,它在三维的所有分布就注定了。我们出生的那一刻,所谓的生辰八字,就已经把我们一生什么时候得什么病、什么时候见什么人、什么时候经什么事,都暗中定好了。就像我把我的手投影到二维的封面的时候,从大拇指到小拇指,先经过食指的像,再经过中指的像,再经过无名指的像,我从二维平面里并不能知道下一个像是什么,可是我在三维空间里面看这个二维的像的时候,便一目了然,且整个的二维的分布,我也全都知道了。同样,我们从高维投影到三维的时候,从第四维看三维的所有分布也一目了然,这就是干支哲学。好的中医,他通过人的生辰八字,就能知道这个人在什么时候该得什么病了,哪些脏器可能会出问题了。

我们再看一下中医的穴位和经络。在我们研究穴位的时候,我们用物理的方式基本很难找到穴位,几乎感觉不到它的存在。因为没有任何的一个实质的物理点能告诉我们穴位是如何呈现的。那穴位是什么?它是高维能量呈我们三维像的焦点。就像一个照相物镜,它要把三维的物体呈一个二维的像的时候，物镜有它的焦点，一般没有人能看到焦点在哪儿。所以焦点实际是高维能量呈我们三维身体像、内脏像、细胞像的焦点。同一类型的能量焦点的连线就形成经络。所以中医在穴位和经络上的治疗，在光学上，我们称之为在焦平面上的频谱处理。可以把不同分布的焦点，和某些位置的焦点的能量放大，相当于把光栅放大一点，能量通过的多一点，把某些焦点通过的能量缩小一点，而达到像空间的能量平衡，这个像空间的能量平衡，其实就是我们身体健康的本质。

因此我们看到，我们现在的中医系统，跟高维空间能量有着密切的关联。在现代的中医教学体系里，其实很大部分失去了中医本质的教学方法，而是用一套现代科学西医的教学方法去教，所以中医的本质在教育过程中可能会丢掉、会丧失。只有真正了解我们的《易经》《黄帝内经》，了解它们的能量关系的时候，我们才知道其实中医分不同的层次，也就是所谓的下医、中医和上医。

中医中的下医，若我们用科学的语言去描述，他是只会三维实践的。只会三维实践的中医，其实无法跟西医来比较。因为西医在三维空间所达到的丰富的程度和解决三维问题的方法，比只会三维实践的中医的下医，具有非常大的优势。而中医中的中医，是可以借高维能量解决三维问题的。我们现在说的子午流注也好，干支哲学也好，穴位经络也好，如果不能跟高维能量连接，它们的作用发挥都是有限的。而中医中的上医构建的是天人合一的宇宙观，所以说上医医国，他实际是可以调治整个宇宙能量的。由此可以看出，中医内部也有着巨大的差异。中医也很容易出现庸医，因为他若不修炼，根本无法掌握中医的真谛。

在现实中其实遇到过很多让我们困惑的问题。比如说中医在对治一种病的时候，会有很多很多的方法。而这些方法互相之间似乎没有本质的关联，但是这些方法却能把这个病或者这个问题解决。这是因为中医是按照能量的本质在处理问题，他可以通过色彩的能量分布、通过食物的能量分布、通过音乐的能量分布、通过空间的能量分布，对人的能量进行调治。这种不同调治的组合是非常丰富的。所以他的对治方式很难用一个标准化的东西来限定，尤其是借助高维能量的这些方法，在现实中几乎是不可能复制的。我举一个很简单的例子。我在桌子上确立一点，在桌面上用我的手指划过这一点的时候，我可以无数次精准地通过这一点。可是如果我要从空间，用石头去砸这个点的话，那我的落点一定是离散的。也就是当我们用高维的能量来跟三维能量对接的时候，它对接的是一个测不准的状态，是一个离散的状态。这就是所谓的测不准原理。

我们说到了中医中的中医和上医，他们又被称之为道医。所谓道医，就是能够完全用高维能量来处理问题，或者调治高维能量。在这些高维能量分布中，通过高维能量，或通过投影源里面的能量分布来调治投影像，这就是道医里面所说的祝由术。所谓的祝由十三科，它是借助不同能量特征的像之间的相互抵消平衡，在投影源的状态下去处理投影像的。所以我们说中医的博大精深，不是我们用三维的认知能够解释的。好的中医案例，和借助高维能量的中医案例，几乎是不可复制的。而在西医的现代科学思想里，三维实践需要的是大数据，需要的是重复，需要的是结果无数次重复，在不同的条件下而重复同样的结果。这样大量的僵化的、重复性的实践在中医中是无法被认同的。这也是三维人类对宇宙智慧驾驭的一种悲哀。也就是说我们试图用三维的方法去解高维问题，其实是犯了一个逻辑上的错误。实践是检验真理的唯一标准，三维实践检验三维真理，高维实践检验高维真理。不会高维实践，而设想用三维实践检验高维真理，那便是两个字——妄想。

中医里面蕴含了大量的高维实践，中医的科学范畴，远远高于我们在三维空间所驾驭的技艺。而现在时空中能够跟中医连接的，是量子医学。量子反映的是有形物质空间和高维空间之间的临界态，量子能够反映能量的波态和它的高维属性。而且现代物理告诉我们一个非常重要的结论，就是量子物理实验的实验结果与实验人的意识相关。我们知道人类的意识，是指三维空间那些能量的叠加没有成像的部分，我们的潜意识则进入了四维，我们的超意识是高维能量。所以意识能量驾驭物质能量，是我们东方智慧的精髓，也就是投影源驾驭投影的像，这是个极简单的逻辑关系。但是如果我们只是限于对物质世界的了解，而试图通过对物质世界的验证，去验证高维空间的事物，那我们就犯了一个逻辑错误。

鸡兔同笼，是在学数学的时候做的一道题。当时在做这道数学题的时候，只感觉它是一道很晦涩的题，它是一维的、在数轴上的四则运算。而当我们学到代数的时候，鸡兔同笼就变成了一个极简单的问题。假设鸡是x，兔是y，x+y=头数；2x+4y=脚数，一联立方程马上就出来了，其实鸡兔同笼是用一维的方法解二维问题的特例。如果所有二维问题，都能用一维的方法去解，那当然最好了，可是这个世界上几乎没有这样的人。但是我们人类可以用一个相对笨拙的方法，就是往里代数字，代多了就找到规律了，这就是所谓的实验。爱因斯坦的相对论，是用三维的逻辑解四维问题的特例。相反，所有的四维问题，都让你用三维的方法去解，也没有人能做到。但是我们采用的笨办法，就是实验。做一百次、一千次、一万次，便找到了规律。所以说，重复性实验相对于高维实践而言是笨办法，像大数据、统计，这都是相对笨拙的方法。直接进行高维实验，直接进入高维空间，才是真正解决问题的方法。

儒学智慧系统——入世心法及游戏规则

第五讲

《超体》这部电影里有一句非常重要的话:"当这个宇宙出现生命的时候,他们就在选择。当环境适应生命存在的时候,他们选择繁衍;当环境不适应生命存在的时候,他们选择永生。"大家注意,这里面涉及的所谓"永生",描述的是高维能量状态,也就是说第四维是时间成为变量。在我们三维空间里面,时间是一个常量,它是按照格林尼治天文台的石英振子的振动频率界定的,一秒就是一秒,一分就是一分。而时间成为变量的时候,一切事物不存在开始与结束,所以到了第四维,就进入了一个永生的重复。这就告诉我们一个非常重要的概念,当环境不适应生命存在的时候,生命选择的是纵向提升,从三维纵向提升一维就达到了永生。

所以说我们的中华传统文化,它最终内在的底蕴有两部分:一是隐藏在内部的,指的是纵向提升意识能量的自由度,提升内在的维度。它的终极目标是N维(N趋于无穷大),那是彻悟的境界;二是横向能量分布,是所谓的繁衍,也就是能量在三维空间的平衡和谐的存在。因此我们的传统文化里,隐的部分相当于先天八卦,它是时空域,它所描述的或者说它所引领的是永生,是以纵向提升为目的的。后天八卦周易,所呈现的是在三维空间的能量的和谐共振状态,也就是说在三维空间的能量平衡的存在,这也就是所谓的意识能量和物质能量的和谐的三维呈现。在儒学智慧里有一句话:"半部《论语》治天下。"是什么意思呢？它告诉我们《论语》这部书的上半部，实际是让我们人类彻底觉悟、彻悟的，而下半部是让我们在三维空间，在有限的物质空间达到内在和外在的和谐的生命状态。

这就是儒学智慧所呈现的两个层面的内涵。在表层呈现的是我们在三维空间的游戏规则，而这个游戏规则是一个相对合理、符合能量分布或者说符合相对和谐的能量分布的游戏规则，而它的背后所支撑的，是人内在的觉悟，是满足人生的根本意义的。现实中我们在讨论生命的根本意义的时候，有这么一句话叫人生的意义在于提升意识能量的自由度，也就是提升维度，它的终极目标就是永生。

其实传统文化的根是道德文化。道德在我们一般人的理解，就是一个人的品德，一个人的品行。但实际上道德是从道家智慧衍生出来的，它体现的是一种内在的时空能量关系。道是 N 维宇宙空间（N 趋于无穷大），德是 N-1 维到四维的能量自由度的呈现，所以有"失道而后德"的说法。因此我们会说中华传统文化的根是道德文化，而道德文化的本质就是提升意识能量的自由度，最终是所谓的合道，也就是达到通透圆满的智慧境界，内在的智慧层次达到 N 维（N 趋于无穷大）。在现实中三比无穷大等于零，四比无穷大也等于零，任何有限数比无穷大都等于零，都没有本质的意义，而只有当内在提升到 N 维（N 趋于无穷大）这才叫合道。这时候就变成无穷大比无穷大。无穷大比无穷大等于一或任意数，这个一就是天人合一，这个境界叫明德。

因此我们引出第二个概念，在儒学的经典里有一部非常重要的经典叫《大学》。《大学》这部著作一开篇就讲："大学之道，在明明德，在亲民，在止于至善。"什么叫大学之道在明明德？大学指的是大人之学，所谓大人之学是人彻底成就的学问，也就是人类智慧成就的方向，那么大学之道在明明德，其中的明德指的就是我们前文说到的，道是 N 维宇宙智慧（N 趋于无穷大），也就是彻悟的境界。

第一个"明"是动词，这个"明"是提升意识能量自由度，也就是破所谓的无明。无明是什么？是认知障碍，而破掉无明就是超越认知障碍。超越认知障碍这个行为就是所谓的明，就是所谓的开悟。所以大学之道在明明德，它最终是要悟透宇宙真理，这是个悟道的过程。

之后又讲到"在亲民"。一般情况下的理解，"亲民"应该是所谓的跟人民打成一片，是所谓的在现实中的一种情商，一种能量关系。实际上这里的"亲民"指的是能量的投影关系，也就是所谓众生投影到这个三维空间的像。我们说一念一众生，而众生投影到三维空间的像，我们用一个"民"来呈现。那"亲民"就是内在的投影源和投影像的统一，它直接让我们在三维空间去觉察，通过三维空间的像去觉察我们内在的认知，也就是我们有什么样的认知就会投影出什么样的像。实际上它指的是内外合一，也就是说外部空间所呈现的一切事物，都是因我们内在认知的呈现投影出来的，这个内在认知佛家管它叫"业"。所以，大学之道就是在不断地超越我们的有限认知，不断地实现内外合一，在这个合一过程中觉察和颠覆认知，不断地提升我们内在的自由度，去合那个最高境界的道。

讲到"止于至善"，这里的"至善"指向的是 N 维（N 趋于无穷大）宇宙空间最高境界的智慧，所以"大学之道在明明德，在亲民，在止于至善"。这里面用到的"在"，实际也有它深刻的含义。它的玄机在于这个"在"指的是当下，因为刚才、一会儿、过去、未来都是三维认知，只有当下可以通达 N 维（N 趋于无穷大）。所以这个"在"，指的是工夫、是在当下。因为只有当下能够跟 N 维智慧（N 趋于无穷大）连接，能够真正达到明德的境界，内外合一，心物合一而实现亲民。而只有当下，指向的方向是纵向提升意识能量的自由度。

在这里，我再给大家描述一下这段文字背后的科学含义。一维空间是一条线，我们不管怎么去打扮这条线、美化这条线，都很难产生美感。二维空间是一个面，我们可以画一幅很美的图画，所以二维空间产生的美感比一维空间要多无穷多倍。一幅漂亮的画我们不如把它变成立体的，可以画中游，所以三维空间产生的美感比二维又多了无穷多倍。根据数学归纳法我们可以得到一个非常简单的定律,每多一维将多出无穷多倍的智慧和美感。因此,当我们的认知、我们的智慧或者我们的境界在第四维的时候,能看到的空间状态一定比三维空间美无穷多倍。那个比现实美无穷多倍的地方,宗教称之为天堂。那么天堂的层次,在《大学》的儒学智慧里其实指的是这个德的境界,也就是明德的层次。所以生命的意义在于持续的明德,也就是持续地提升意识能量的维度。

日本的稻盛和夫在谈到生命意义的时候说:"生命的意义在于走的时候,灵魂的高度比来的时候高了一点。"所谓灵魂指的就是我们的高维意识能量,灵魂的高度就是指它的境界、它的层次。稻盛和夫一生创造了两个世界五百强,挽救了日航,发明了阿米巴管理法,建立了盛和塾。这个在世人眼里非常辉煌的生命成就,具有巨大意义的实践,稻盛和夫在谈到生命意义的时候只字未提,他只是说:"生命的意义在于走的时候灵魂的高度比来的时候高了一点。"这就是在告诉我们,生命的意义在于提升意识能量的自由度,也就是提升维度的。它其实跟我们当下的每一个时空点都有关系,和我们从事的每件事都有关系。无论这些事情是事业的、情感的、财富的,还是我们身体的,每件事情的背后都孕育着一道人生的应用题,而这道题的正解,恰恰是以提升我们意识能量的自由度为目的的。如果没有读懂每一道题背后的这层意义,那我们的生命往往是迷茫的。

在我们研读或者践行儒学智慧的时候,如果没有读懂儒学智慧真正本质是引导我们走向彻悟,而只是模仿它在现实之中所谓的一些行为规范,模仿它在现实中所呈现的一些生命状态,那么我们真的没有学到儒学的本质,也就是我们中华文化儒学的精髓。它不仅仅是建构在三维空间的行为规范,也不仅仅是像有些人以为的那样不过是统治者用来管理人民的一些方法。其实它是给每一个人彻悟,它是为每一个人在现实三维空间里面修行,修炼身心,提升意识能量的自由度而提供的现实法门。

那么儒学智慧还有它更精髓的一部分,实际上它的内在是直接通达最高境界智慧的,而它的外显是呈现着我们现实存在的游戏规则,用四个字来表达叫"借假修真"。因为从N维空间(N趋于无穷大)开始投影,投影出来的所有的一层一层的像,都是所谓的假,而只有N维(N趋于无穷大)才是真正的真,才是本真。那么假与真的相对性,是随着维度的提升而趋向于真。也就是说投影源比投影的像更真实,三维是四维的投影,四维是五维的投影,随着维度的提升,它的真实性越来越接近本质,而当到达N维(N趋于无穷大)的时候,才能堪称是本真,才是真正的真,才是所谓的真理。所以说真理只有一个,其实一点也不假。因为只有到N维(N趋于无穷大),

一切系统、一切智慧体系合一在这个境界的时候,它们共同呈现的真理是一样的。而儒学智慧恰好是借投影的像,去领悟投影源里的信息,直至达到最高境界的本真。这就是所谓大学之道达到明德的境界,达到本真,达到至善,所以"借假修真"是儒学的特征。

那么这个假是怎么来的?我们前面讲过,从《周易》开始,实际所呈现的是三维空间的能量分布关系,是从觉悟转向生存的一种描述,而所有生存背后的意义是要觉悟,是以觉悟为目标,而不是以繁衍作为目标。现实中的人往往把在三维空间中的存在作为生命的意义、生命的目标,这是错的。因为生命的本质意义是在内在,是纵向提升,三维的存在只是纵向提升的一个基本条件,最适合内在提升的三维能量分布状态是意识能量和物质能量的高度和谐,也就是当我们在三维空间达到心物合一的时候,所谓心物合一,就是意识能量和物质能量高度和谐,他的纵向提升才成为可能。如果我们的内在和呈现的像是分裂的、不能统一、不能合一的,这个时候去讲内在智慧的提升是枉然的,只有在合一状态下的提升才是真正的提升。所以儒学智慧中所说的在现实中的游戏规则,是让我们在现实中呈现一种和谐的生命状态。因为如果我们在现实中没有保持在一种和谐的生命状态,就会产生在现实层面的低维能量的纠结,这种低维能量的纠结,会让我们牢牢地困在三维认知状态里面。只有当我们的空间能量进入和谐状态的时候，意识能量和物质能量和谐于当下的时候，我们才能够摆脱这个低维能量对我们的纠缠，意识不执着在三维的能量纠缠状态。这就是儒学思想制定的在我们三维空间一般人的生命或者生活的行为规范。

当没有了解到这种行为规范背后的意义时，我们往往会认为它是对人类行为的约束，是对人类自由的约束。其实不尽然，因为人对物质世界的执着，已经让我们处在一种过度物质化的生命状态了。实际上我们的意识是随着我们的欲望，随着我们对物质世界的贪求，而变得越来越复杂，而这种复杂却使我们无法回归到我们自己能量的和谐状态。我们知道自然这个词的反义词就是人为。当人为的事物越来越多的时候，我们离那个自然的道就会越来越远，"人""为"两个字加起来就是伪。所以我们在现实中人为制定的一切，其实它都是相对的假。这个相对的假，如果它呈现的是一种简单的能量关系的话，我们就容易去领悟到它背后的那个真；如果它呈现的是一种复杂的能量状态的话，我们就会被困在这种复杂的状态中，无法去通透地理解背后的那个真。比如说，在现实层面，如果我们把时间大量地耗费在与人的关系、自身的情绪以及各种冲突、各种纠结中，我们就很难让自己的内在清净，就无法创造内在的高维试验条件。

所以儒学思想所呈现的所谓的假，所谓的游戏规则，其目的是为了让我们的生活、生命关系简单化。当这种关系简单化以后，每一个人的生命意义就是在他自己当下的生命状态中提升自己内在的智慧。所以在现实生活中，把人生的关系规范后，每一个人在当下的人生角色里面都有可能开悟，都有可能完成你当下的人生课题，完成你当下选择的人生的应用题而达到内在的提升。

我在2015年跟另外的老师对话儒学的时候，当时的场景给了我一个非常大的启发，我突然明白孔子为什么要恢复"周礼"。因为《周易》恰好是从先天彻悟的理论体系转向后天繁衍、和谐、生存、存在的理论体系，也就是在那个时空之前，人们把觉悟作为生命的意义，在这之后，人们把生命的意义转化成在三维世界的一种和谐的、规矩的、规范的生活模式。目的也是为了觉悟，但是它创造了一种三维空间的游戏规则，就是所谓的"周礼"，从那个时候到战国时期，人们离纯正的和谐的游戏规则——"周礼"越来越远。所以孔子所说的恢复"周礼"，是恢复到人们离觉悟更近的游戏规则的生命状态里面去。孔子还讲到"三十而立、四十不惑、五十而知天命、六十而耳顺"，指的是一个人一生内成长的现实过程。当然这前面还有一句"十有五而志于学"，这个环节其实比后面"三十而立、四十不惑、五十知而天命、六十而耳顺"还重要。也就是说人在十五岁的时候要发愿,发出他今生今世要成就的大愿。

在现实的入世空间里面,入世心法的第一件事叫信,是相信本自具足,是相信任意空间质点具足宇宙中所有智慧,相信任意众生具足宇宙中的所有智慧。这是信,信为道源功德母。只有这个信,才是真正能够让我们跟我们内在圆满智慧连接的前提条件,没有这个信,我们没有办法跟具足圆满的智慧产生真正本质的关联。

第二件事叫愿,也就是在人生的过程当中,目标非常明确。愿力是我们内在一切动力的源泉。例如我们小时候遇到过一些事情,当时觉得天都要塌了,纠结得一塌糊涂,恐惧得一塌糊涂,等我们长大了发现那只是一个笑话,当时完全不必为那件事那么纠结。就像登山一样,我们眼前的一座小山,我们登山前是把它当作一座高山的,当我们登上更高的山的时候,回头看那座小山就是一个小土坡,这叫"会当凌绝顶,一览众山小"。但如果我们把眼前这座山当成人生唯一的目标的话,我们这辈子不见得上得去,还会累得气喘吁吁。只有把最高目标当成人生目标的时候,我们才会产生巨大的内在动力。眼前这座山不但要过去,动作还要快,姿势还要优美,还得潇洒,这是因为愿,内在的愿力会产生巨大的内在动力。所以,"十有五而志于学",就是发大愿。人生没有大愿,就难以超越我们有限的障碍,而真正有大愿的人,在现实中是没大事的。孔子的"十有五而志于学、三十而立、四十不惑、五十而知天命、六十而耳顺",给我们演绎了一个人在三维空间觉悟的过程和按照儒学的思想成就的人生经历。十五岁立愿,到三十岁的时候,掌握了这个空间的游戏规则,就叫"三十而立";"四十不惑"是按照这个游戏规则干了十年以后,能够通透地掌握、游刃有余地驾驭游戏规则;"五十而知天命"是知道了今生今世是带着什么样的人生题目来这个世间的;"六十而耳顺"是所有问题解决以后,所有世间的恩恩怨怨跟他都没有关系了,超越了一切三维空间有限认知的障碍,进入一种通达的生命境界。所以说孔子的一生相当于一个老师在黑板上给我们做了一道生命成长的例题。

在过去的两千多年来,很多人在做着生命的习题。而到了今天这个时空,每一个人面对的人生的考题和老师给的例题的题面一定是不一样的。从一定比例上讲,考题会更复杂,特别是在我们现在这个时空里面,它一定是以我们这个时空的能量关系作为基础,而把老师例题中的精髓加进来。如果我们不能理解儒学的精髓的话,我们就没有办法在现实中做好现实考题。换句话说,如果我们只是模仿老师讲例题的那些形式、那些行为动作和那些表象的东西的话,我们就没有办法完成我们现实的生命考题。另外,还有一个更重要的概念,古代一个人一辈子见过的人、走过的路、经过的事,现代人一个月就可以搞定。在两千年前的同一时期，耶稣讲了一番例题，释迦牟尼也讲了一番例题，老子同样讲了一番例题，这些例题会在现在这个时空里面同时并联出现在现代人的意识中，所以我们现在面临的是人生的综合应用题、综合考题。因此，求同尊异，从我们祖先留下来的所有智慧里面寻找它们的共性，用共性来面对现在复杂的时空关系，才能真正地用好、用足我们当下的各种条件，使我们的内在获得提升。

这就是儒学智慧在现代的运用，不只是模仿它的形式、模仿它所谓的一些行为和规范，而且要真正理解它的精髓。它让我们彻悟，让每一个人在现实中的每一个当下去领悟内在提升对我们提出的要求。所以说儒学智慧博大精深，因为它涉及的面非常广，同时它的内涵跟道家的智慧、基督教的智慧、佛学的智慧背后的内涵是一致的。儒学的智慧是以三维的人为基础的，所以它并不强调高维的生命状态，只是在"大学之道在明明德"这样的体系里面提到这个智慧的次第和层次，它是我们三维空间的人在日常生活、日常生命状态中修行的指南，也就是借假修真。所以，孔子讲"敬鬼神，而远之"，他并不强调这些高维的、灵界的能量关系，这一点跟基督教有异曲同工之处，都是针对三维空间的人而言。但是他又讲到了最终彻悟是在明明德，他把三维和 N 维（N 趋于无穷大）的关系描述出来了，N 维（N 趋于无穷大）才是我们生命的终极目标。

由此人们对儒学的很多误解应当能够得到一些澄清，它跟人类的所有智慧背后都是为了唤醒人本自具足的智慧，所有的形式、所有的表象的背后只有这么一个目的。如果我们只把自己的认知停留在表象，我们就无法在儒学系统里面得到真正智慧的启迪，而只能流于表面。

神学智慧系统——为三维的人设计的全息觉悟之路

第六讲

这一讲研究的是关于神学与科学语境的关联，也就是神学智慧的一种另类的描述。我们研究的第一条就是《创世纪》跟这个逻辑体系是怎么关联的。在《圣经·创世纪》里讲到上帝在七天之内创造了宇宙万物，我们会想这科学不科学？我们用现代科学的概念去描述、去理解它的时候往往会感到困惑，但是用多维空间的概念来了解、描述这件在七天之内创造宇宙万物的事，就变得比较简单了。

因为在三维空间里面，有三个变量：长、宽、高，分别指向三个方向，可是到了第四维就多出一个变量，这个变量是时间。爱因斯坦在《相对论》里专门讲道：当物质接近光速运动的时候，时间变慢。大家注意这个"变"，它给了我们一个非常重要的启示。因为在三维空间里面时间是常量，它是按照格林尼治天文台的石英振子的振动频率而决定的，它是不变的，每一分每一秒都是不变的。可是当时间成为变量的时候，物理空间里就出现一个新的变量。我们知道所谓一维就是一个变量，当三维再加一个变量的时候，就进入了第四维。所以说第四维中的时间是变量。时间是变量意味着什么呢？就是我们在时间轴，在第四维的状态下，可以任意去到过去、未来，可以选择任意的一个时空存在状态。根据这个概念，我们就知道我们所说的开始和结束、过去和未来，我们所说的现实中的时间，不过是因为我们执着在三维空间的时间认知上罢了。到第四维的时候，时间是变量，一切事物没有开始，没有结束，一秒钟可以变成一千年、一万年、一亿年，一亿年可以压缩到一秒钟之内。这就是时间变量带来的整个空间、整个意识的一种飞跃、一种颠覆。所以在高维空间里面看我们三维的时间，其实是可以任意变换的，任意地延长、任意地压缩。所以说上帝用七天创造宇宙万物，在不同维度上进行描述的时候，它对应到三维空间里面可以是七年，可以是七十年、七亿年和七亿亿年。这就是说基督教在《圣经》的最初始的《创世纪》中就已经告诉了我们这个宇宙本身是多维的。而在三维空间之上的时间是变量的状态下，一切的呈现皆有可能。而当我们用狭隘的三维认知去理解它的时候，我们是无法理解《创世纪》所说的上帝在七天之内创造宇宙万物的。

在电影《盗梦空间》里对此也有非常精彩的演绎。在不同的梦境里面，或者说在不同的三维投影里面，也就是在不同的时间坐标里面的时候，时间有着不同的界定尺度。在一个空间里面两秒钟发生的事情，在另外一个三维空间里面却经历了几分钟，在下一个三维空间里面却经历了几个小时，甚至再往后就是几天。这种把时间看作是变量的思维给了我们非常重要的超越时空的体验启示，也就是当我们到达高维的时候，时间已经完全不像是我们想象的这样了。

所以《创世纪》在一开始就隐喻了时间是变量这个简单的

逻辑概念，神学智慧从一开始就在启发我们突破时空概念。但是因为我们人执着在三维认知里面，所以我们认为时间是常量，这是我们三维的人对宇宙认知的最大障碍。因为我们对微观世界的理解是因为时间分辨率不够了，我们在有限的时间间隔里面，看到的微观世界的运动是测不准的，是电子云；而我们对宏观世界的理解是因为我们的时间尺度不够了，一百光年以外的事情跟我们没有什么关系，因为我们出生的时候发生的事，死的时候还没有来。而当时间是变量的时候，这一切都被无限地放大和拓展了，就像《创世纪》里讲的七天，可以相当于七年、七十年、七亿年、七亿亿年。我们所知道的一秒钟可以把它拓展成是一万年、一亿年、一亿亿年。所以，微观世界的一切都可以了了分明，我们可以把外层空间的一亿亿年压缩到一秒钟，所以外太空的事情可以瞬间被拉到眼前，这就是所谓空间折叠和穿越时空隧道。当我们了解了这个层次的时候，我们再去理解《创世纪》里面所说的智慧，就不难了。

我们再看一下神学智慧里面涉及的三位一体。在神学智慧里讲到的圣父、圣子、圣灵或者叫圣父、圣灵、圣子，它代表着什么样的物理意义或者时空意义呢？在科学语境里面，我们把圣父称之为上帝，称之为神，他是 N 维宇宙智慧（N 趋于无穷大），他是整个宇宙智慧的总和，是整个宇宙的主宰，他是一切的投影源。圣灵，这个灵是高维的意思。圣灵是高维能量，是高维能量的关系、意识。这种高维能量是遍布整个宇宙空间的。它是从N维（N趋于无穷大）一直投影下来，投影到我们的现实的，所以贯穿在整个宇宙空间的能量、带着高维信息的能量被称之为圣灵。而在三维空间的投影，成像在三维空间的投影被称之为圣子，在基督教里圣子就是所谓的耶稣。

因为基督教超越了四维到N-1维包含的所有认知，它不让我们执着在任何一个中间层次的认知，所以圣灵指的是N维宇宙空间（N趋于无穷大）能量的投影过程，圣子是指N维宇宙空间（N趋于无穷大）纯净能量在三维空间的投影。从这个角度说，耶稣的身上是没有任何瑕疵的，所以说他是上帝的独生子。神学智慧系统认为所有的人都是上帝创造的，都是他的投影，都是由N维（N趋于无穷大）投影出来的。但是因为夹杂着不同维度的认知障碍，也就是所谓的那些原罪，而只有耶稣是一个纯粹的从N维（N趋于无穷大）以人的形式投影到人这个三维空间的，所以他是一个纯粹的人。在基督教里说，只有借着耶稣的名，才能回归到神的国。因为只有跟这个最纯正的能量去共振的时候，才能跟N维能量（N趋于无穷大）产生最直接的共振，而中间的任何有形有相的能量都不能把你带到N维（N趋于无穷大）的境界。所以基督教不让拜任何中间层次的偶像，因为不能跟任何中间层次的能量状态产生共振。

而这个三位一体跟佛家里面所讲的三宝是高度一致、可以相互验证的,也就是佛法僧。佛是N维(N趋于无穷大)的宇宙能量智慧,法是贯穿于宇宙空间中所有的能量和它们的相互关系,僧就是在三维空间的投影。当然在描述僧和圣子的时候,是有一定的不同的,因为基督教里描述的圣子是指由N维(N趋于无穷大)直接投影成的一个纯粹的能量体,而在佛教系统里,这个僧其实是佛的化身,他本应是一个纯粹的能量,但是因为他是一个人,所以他的能量体系带着他的认知障碍,所以他不像基督教里描述的耶稣那样具有他的纯粹性。而在现实中投影出来的像释迦牟尼佛,就是带着相对或者绝对纯净能量状态的投影。所以说在整个宗教智慧里面,他们是可以相互印证的,只是在描述方式上有所不同而已。

我们再讲一下立体《圣经》的概念。什么叫立体《圣经》?其实《圣经》这本书是一部天书。为什么叫"天书"呢?因为它是一部从高维下来的书。其实所有能称为经的书,都是从高维下来的,从高维宇宙空间直接投影到三维空间的,是借由这些写经文的人与高维连接的状态的时候写出来的,我们把它称之为高维下载。借由他们投影成这样的经文,这样的文字组合,实际有很深的奥妙,这种很深的奥妙就使很多有经验的人在不同的时间、不同的生命过程之中,读出不同的内涵。基督徒在不断地读同一段经文的时候,在不同的场景、不同的背景、不同的时空点，他会读出不同的内容。它的表层显示的是三维空间的文字相，而这个文字相的投影源是在N维（N趋于无穷大），我们理解到哪一个维度是由我们的认知决定的。你的认知在有限的维度，你对它的解读就是有限的；你的认知在无限的、在N维的境界去看的时候，你就会看到它所有的解都是正解。比如说《道德经》，它解我们的身体就是身体的正解，解自然就是自然的正解，解经济就是经济的正解，它解任何一个系统都是正解，因为它来自最高投影源。《圣经》有着同样的属性。

差不多在十年前流行过一本书《圣经解码》，英文原书名叫 *Bible Code*。写《圣经解码》的人是一名美国记者，他写这本的时候是在研究一位希伯来大学的群论专家瑞兹（Drosnin）。瑞兹在研究数学群论的时候突发奇想，借用数学的群论概念对《圣经》的文字排列进行了尝试，他用不同的数学编码对《圣经》的文字进行排列，结果发现了非常奇特的现象。他对一组《圣经》文字做排列的时候，输入了拉宾的希伯来文的名字（当然是在他对希伯来文的《圣经》进行排列的时候），结果他赫然地发现在整篇纸的中间，竖着写着"拉宾"的名字，而它的十字相交横的写了一句话叫"刺客将行刺"。这本书是原版希伯来文，这个信息以希伯来文呈现出来了。他看到了这个结果后非常震惊，拿着结果去给拉宾的侍卫，侍卫把它转给拉宾，拉宾看了并不以为然，就把它放在一边了。一年之后，拉宾遇刺。当拉宾遇刺这个事实发生的时候，这个作者非常震惊，然后他回过头去看这张纸，发现上面还有暗藏的信息，在纸的某个位置写着"特拉维夫"，特拉维夫正是刺杀的地点，还写着"阿米尔"，这是刺客的名字，还有刺杀发生时的具体的时间。

所以，瑞兹就开始进行大量的《圣经》解码，对不同的事件进行这种解码式的运算，得出了很多预言。《圣经解码》这本书讲了很多事情，这个美国记者了解到这件事情的时候，他本来打算否定瑞兹这个解读，他是想通过他的验证，证明瑞兹的解读是虚幻的、不对的、不符合事实的。结果每次试验得到的验证都是准确的。他找到五角大楼的解码专家，找到一些世界不同大学的数学专家去分析这个解码的方式，大家都认为这个方式是没有问题的。但是，拿同样的方式去解《战争与和平》《安娜·卡列尼娜》却出现不了这个现象，根本没有这样的预言现象出现。这就给我们一个非常重要的启示，《圣经》本身是一个多维的全息的信息系统。当我们用不同的编码、用不同的系统去套它的时候，会套出不同的信息，而不同的信息相应的时空关系是可以和我们这个现实的时空产生关联的。

为什么说读经的时候要真正让自己静下来，用心去感知、去感应，去跟它共鸣，而不只是在文字上去了解它表层的意思。这是因为任何一种经文都有无穷多种解，你不断读、不断读，在读的过程中，你的意识在跟它共振的时候，你就能领悟得到它内在的含义。所以诵经比解经重要的多得多。因为当你持诵它的时候，你的意识能量在跟它共振。你眼睛看着这些文字，因为这些文字本身是高维投影的像，你的视觉被摄受了；你读出来的声音把你的听觉摄受了；你再燃一根香，你的嗅觉被摄受了；当你用你的下丹田发力，你的整个身体随着震动，你的触觉被摄受了。然后，我们整个意念被它所摄受的时候，我们的全息能量就被唤醒。所以实际诵经本身是一种修炼，是一种全息能量的修炼过程，也是一个全息能量唤醒的过程。它比我们去解经，去解它的意思，其实能够更完整地让我们得到它的高维能量加持，或者与它产生共振。

所以《圣经》也是这样的，它本身是一个立体的，包含着所有信息，只是看你用什么样的编码去解它。《圣经解码》这本书后来出了第二册（两册我都买到了）。它给了我们一个很重要的启示，就是它的立体属性，它的全息属性，使得它在现实，在现在、过去和未来都发生着非常重要的开启人的智慧的作用。我们如果只从《圣经》的故事表层去理解的话，我们是无法真正理解《圣经》跟高维连接的奥妙的，只有当我们穿过表层，静下来跟它的内在去共振的时候，我们才能真正知道它的内在奥义是什么。

神学智慧在基督教智慧系统里面还专门提到了两个要点：一个是爱，一个是超越死亡。这是基督教针对现实的人设计的最重要的两个心法。因为在三维空间，我们人类能感受到的最大的能量就是爱。所以我们发现不同的宗教在爱这个前提下是高度一致的，近代的心理学、心灵学也不断强调这个宇宙中最本质的存在是爱。

在我们所处的这个三维空间，这个太阳系里面，我们感受到的最大的能量是太阳，可以说太阳代表的就是爱。太阳作为爱的代表，给我们呈现的爱的属性是什么呢？是付出。它寂而长照，照而长寂，它只付出，不求回报，这是爱的本质。所以，爱在付出的时候才是真理，才是跟真理契合的，才是带着巨大的喜悦、快乐与满足的。其实我们每个人都有这样的生命体验，当我们真的去爱一个人的时候，在付出爱的那一刻，我们会感受到这个世界非常的美好，我们内在充满喜悦和满足。可是当我们再回过头一想，他是否也同样地爱我？当一起这个念，那个最好的感觉马上就没有了。所以爱只有在纯粹的付出状态的时候，才真正的美好。而太阳只付出不求回报，恰恰代表着爱的真谛。同时太阳代表着爱的另外一个属性，就是你在爱中获得的滋养，实际上不是在你得到的时候，而是在你付出的时候，而且是无分别的付出。太阳不会因为一个人是好人就多给他一点阳光，一个人是坏蛋便少给他一点阳光，它没有任何分别。所以大爱就是无分别的，所有宗教所强调的都是大爱。

基督教包括天主教，在这个层面上都是以神爱世人或上帝爱世人作为它的一个体现。因为现实中的人都是在求爱，都是在想从外界得到，这是具有三维认知的人的一个特性。如果我们能够真正地相信神在你里面，神与你同在的时候，我们就不难理解佛教所说的众生皆具如来智慧德相，每一个生命本自具足等等。当我们真正知道内在智慧能量本来具足圆满时，每一个个体便都是爱的发源体，都是付出爱的本体。当他是付出爱的本体、他本自具足的时候，他的功能只有发射只有付出，他根本不需要得到回报。

在实际中三维空间的人，执着于物质能量层次境界的时候，他只是想得到爱，所以他到处去求爱，希望从外面得到爱。在这些人里面，有一部分人可能会聪明一点，他会把自己打扮得有点魅力，他可以吸引爱，其实吸引爱和求爱没有本质区别，因为他们都认为爱是从外面得到的。只有相信本自具足，相信神与我同在，神在我里面的人，他才知道其实我就是爱，我在哪儿爱就在哪儿，因为我永远和神同在。

光也是这样。大部分人怕黑，不自觉地寻找亮的地方。有些人打扮得像个明星，让光追着自己打，他可以吸引光。而真正了解宇宙实相、真相的时候，他会知道，每个个体内在本自具足，每个人就是光源，我就是光。光的前面不可能有黑暗，因为黑暗都会被光照亮。如果光的前面有黑暗,说明光源里面有障碍,那个障碍就是我们的认知。当我们把那个障碍拿掉的时候,你从外面看到的黑暗就不存在了。

所以在神爱世人这个前提下,我们再去理解基督教神学智慧讲到的宇宙真相,就可以理解它的逻辑建构了。

神学智慧提到的第二个要点,是超越死亡,是生命的超越。也就是耶稣被钉在十字架上,三天以后复活,这也是一个非常重要的心法。因为三维空间的人认为这个世间的生命存在着生和死,而死亡是生命中最大的恐惧,那耶稣基督示现了一个不死的境界,也就是他死后可以复活。他试图用这种方式启示人类,只要进入属灵的生命状态,你根本不会死。

什么是属灵的状态?灵就是高维,属灵就是内在和高维合一的生命状态。属灵的生命指的就是高维的生命状态,所以基督教在强调过属灵的生活,指的就是生命的意义在于和高维空间智慧的连接,回归神的国,这个是对生命的超越。这跟道家的《道德经》里提到的"生死"如出一辙。出生入死,出生是指从投影源投影到这个三维空间,入死就是回到投影源里面去。一切投影源的本质是 N 维宇宙空间(N 趋于无穷大),那一个地方叫神的国。所以出生来自于神的国,死后所谓入死是回归到神的国,这叫视死如归,在佛教里叫往生。因此神学智慧在爱与生死这两个生命的要点上,给了我们人类最重要的两个启示。

在基督教里面还有非常重要的一点,就是基督教的洗礼。基督教讲我们人有原罪,而有罪就是我们的认知。我们在不同维度空间里存在的对念的执着构成的认知,佛教管它叫"业",在基督教指的是三维空间,是指你与生俱来就带在身上的,你只要是人,一定带着这样的认知,否则你不会投影成人。这个人的这些认知,在佛教来说是所谓累世的,在基督教来讲,它就是我们的内在认知,这些认知阻碍了和神、和高维、和N维(N趋于无穷大)之间的连接。所谓受洗的过程是告诉我们一个概念,就是在这个空间你被洗干净了。我们每个人当下的生命状态相当于一张已经画得乱七八糟的纸,我们把中间擦掉一点也好,加上一点也好,其实感受不到。而所谓受洗的过程就是把你一下洗干净了,这时候你就是一张白纸。受洗以后的人不是不犯罪,只是你犯罪了以后更容易觉察。因为你已经是一张白纸了,这个时候你会对你所做的事情进行深刻地反思和觉察,这有助于我们和神的连接。

所以基督教是一个心法,它是描述宇宙的时候用到的一个心法,它告诉你,四维到 N-1 维,在这中间对任何一个维度的执着都有可能把你限制在一个状态,在那个状态里你就永远不能和 N 维智慧(N 趋于无穷大)、彻悟的境界连接,也就没有办法跟神连接了。而我们生命的唯一目的、最终目标就是进入神的国,就是 N 维宇宙空间(N 趋于无穷大),就是彻悟。只有在这个境界中生命才会真正地彻底地圆满,那是生命唯一的目标,所以在这个概念里面所有的宗教其实指向同一个方向。

心灵智慧系统——现代心理心灵的多元与融合

第七讲

我们在研究人类智慧系统的时候，往往会在这个系统中进行相互的比较、相互的评判。特别是面对宗教智慧与心理心灵智慧时，很多人比较习惯地使用科学的思想、科学的逻辑对它进行评判。在前面几讲已经反复提到，在实证科学盛行的前提之下，我们经常会犯的一个错误，就是试图用低维的方法去解高维的问题。

我们来看心理学体系，迄今为止比较权威的心理学方法是弗洛伊德的精神分析。为什么？因为弗洛伊德的精神分析具有大量的三维实验验证或者统计验证，它在三维认知体系里有强悍的数据支持。心理学到底是一个什么样的学科？我们说心理学主要研究人的意识活动。我们已经知道，意识其实就是高维能量，或者说意识就是能量。意识能量和物质世界里的其他所有能量的属性没有本质的差别，意识能量叠加成的像，构成我们现实能看到的物质世界。只是心理学在关联人的意识活动和物质世界的时候，并没有形成我们现代科学逻辑所支持的一套理论体系，只是把心理学从现代科学数理逻辑体系中独立出来。但实际上它们之间是完全可以在逻辑上关联起来的。

当一切都是能量波的时候，它在三维空间构成两种东西：一种就是物质，它成像叠加构成物质；还有一种就是信息或者说是意识，包括思想。《易经》里将八种构成物质的能量分布与八种构成事情或者信息或者意识的能量分布相乘，形成六十四卦。这六十四卦就是三维空间一切事物最基本的六十四种基因。所谓基因就是能量波叠加的频谱，最基本的频谱，叫基频。六十四种基频不断地重复叠加构成我们现实呈现的一切万事万物。大家注意，这里面包括了事和物。事就是所谓的信息，是我们人类的意识活动。也就是说意识活动和物质活动全是能量波叠加，而且它们之间在三维空间内叠加构成的事物是有关联的。但是我们并没有研究到它们之间的转换关系，这种转换关系发生在什么状态呢？是量子态。

近代物理告诉我们，量子物理实验的实验结果与实验者的意识相关。这件事给我们非常重要的启发：物质世界的变化跟人的意识是相关联的，物质实体的变化居然跟我们的意识也可以是关联的。当知道这件事情后，我们再回过头来看我们现在说的这套理论体系，就通达了。也就是说在有形三维物质空间里面，能量波构成了成像的物质和集结在一起的信息，而到了第四维，能量波依然存在，这个时候进入更高维度的能量关系，被心理学称之为潜意识。所谓潜意识，是潜在于表层意识背后的那些能量分布关系。潜意识能量分布与我们现实有什么关联？从前面的逻辑体系，我们知道它们是投影关系，是高维在低维空间的投影。我们低维世界的一切事物都是高维空间能量分布的投影，而高维能量分布是低维事物的投影源。

其实心理学研究的是三维和四维之间的临界关系。它不是从量子的角度，不是从数理的角度理解，它是从意识的角度去描述的。原来心理学在研究三维人的意识和高维意识之间的关系，也就是意识与潜意识之间的关联。比如说精神分析。精神分析来源于弗洛伊德写的《梦的解析》，它实际在研究人的潜意识。梦是什么？其实梦境具有高维属性。比如中午睡了一觉，我们觉得做了一个很长的梦，可醒来发现才过了五分钟。很多人有这样的体验，它告诉我们梦境中的时间是无序的，梦境中的时间跟现实是不一样的，而不同的梦境的时间尺度是不一样的。

《盗梦空间》这部电影非常精彩地演绎了在不同的梦境中"时间是变量"这样一种概念。三维空间只有长、宽、高三个几何变量，当时间也是个变量的时候，就出现了第四个变量，比我们三维空间多了一个变量，那就进入第四维了。梦具有高维属性，起码具有四维属性。经常有朋友在现实生活中有这样的体验，来到一个新的地方，发现这个地方自己以前好像来过，有些人自己以前好像见过，但回顾一下自己的整个生命过程，跟这些人和事其实从来没有过交集。这是为什么？其实那是我们曾经在梦里到过这个场景中。因为梦境在第四维里的时间是变量，它可以在时间轴上任意到过去，任意到未来。如果你曾经在梦里到过未来的这个时间点，而你在三维空间恰好经历这个时间点，你就会发现这些事情似曾相识，这个场景你似乎来过。梦的解析，实际就是通过人们的梦境来解读他在三维空间发生的事情的原因，他的内在原因、在投影源里的原因，然后进行疏导、调制等。

在心理学里面还有关于认知的部分，就是认知心理学，它很符合我们现在描述的这个系统。也就是说，实际我们看到的这个世界是由我们的认知产生的。我在讲道家智慧，讲到《易经》的数理模型的时候，专门讲过第三个能量波的重要性。第三个能量波，实际上是我们观测者在看全息图的时候，自己渲染、投影上去的能量波，或者说是投射上去的能量波。这个能量波来自我们自己的认知，来自观测者自身的能量波，而观测者自身所承载的频率特征，也就是频谱，其实就是我们的认知。也就是说我们带来什么样的认知，就可以渲染出什么样的外部的呈现。

我们进一步去研究近代的心理学方法，会发现越来越多的心理学方法，明显地用到高维意识状态。比如说催眠，就是把人从现在这个有限的执着的某一个三维空间里面带出来，让他进入到其他的三维空间投影里面，去看到在另外的三维投影里面这些像与像彼此之间的关联。当然催眠也分不同的程度，现实中很多催眠师没有办法催眠出此生之前的情况，一般只是回溯，回溯到他过去曾经经历的一些在记忆里面的隐藏的东西。美国有一个很著名的催眠治疗师叫魏斯，他是这方面的权威。

魏斯博士写了四本书，第一本是《前世今生》。

魏斯有一个病人叫凯瑟琳，她来找魏斯是因为自己怕黑、怕水、吃东西怕卡喉咙、恐惧与人交往。魏斯在给她做催眠的时候，回溯她过往的经验，发现并没有什么特别明显的事件足以让她产生恐惧、纠结，催眠以后并没有什么效果。魏斯坚信在催眠的理论体系里面，通过催眠让人回溯到今生今世曾经发生的那些事情的发生点的时候，可以让人在那个点上重新认识这个事件，进而化解内在的纠结，心理障碍就被去掉了。但是凯瑟琳的这个案例使得他很困惑，催眠没有明显效果。魏斯对她进行了更深度地催眠，之后凯瑟琳说出了一番话，让他很吃惊，她说她在法国的某个地方，是15××年，是几百年前。魏斯很震撼，他相信凯瑟琳在催眠中说出来的话，一定是她曾经经历的，但是魏斯没想到竟是她出生之前的经历。他很好奇就继续催眠凯瑟琳，想看看究竟发生了什么。凯瑟琳在那个轮回里面，是一个小女孩，村子里发了洪水，她和她母亲在那场洪水中被淹死了，所以她怕水。凯瑟琳在催眠椅上经过了一段时间的身体挣扎后慢慢平静了。这件事对魏斯的影响非常大。经过深度催眠，他还找出来其他的事情，这里我们就不一一列举了。

其实魏斯在写《前世今生》的时候很纠结，到底将这些案例写出来还是不写出来。作为一个无神论者，他不相信前世来生，在西医的逻辑体系里，这也是一件很荒谬的事情。可是他又全然相信心理学理论知识与实践活动，最后他还是决定尊重事实把它发表出来。这本书实际上叫 *Many Lives, Many Masters*（《许多世、许多大师》）。因为在他后期的催眠中，他发现宇宙空间里面，在人的生命过程中有许多内在的指导和指导意识在我们的生命中进行指导。凯瑟琳在俄罗斯那一世的时候是小男孩儿，他七岁的时候父亲因为误判被判处死刑，这孩子的心灵饱受折磨，不久也就去世了。在催眠的间隙，凯瑟琳的声音突然变成了浑厚的男声。她问魏斯，你知道这件事在告诉他什么吗？魏斯吓了一跳。他说实际上这一世他是来学会"人是不能被冤枉的"。后来魏斯慢慢知道，原来我们每一世都带着这一世的功课。而这一世的功课怎么完成？一定是在你自己选择的体系里完成。你可能选择一个穷人，可能选择了一个富人，可能选择了一个国王。那要完成的目标、是什么呢？是学会爱，学会接受、原谅，学会包容。所以，在这个里面提到了 *Many Lives, Many Masters*（许多世、许多大师）的概念，这个大师是隐形的，实际就是在现代心灵学里面所谓的高灵、高我等等，在东方文化体系里面叫元神、神识，其实都代表一种更高维度的投影源里的能量关系，它会跟我们三维能量在特殊的条件下产生关联。

所以，实际上催眠可以把人从三维空间提升到投影源——

第四维里面，在第四维里面他看其他的三维空间都是平等的。相当于我站在房子中间看四面墙是平等的，能同时都看到。如果我执着在某一面墙上，我对其他墙就没有知觉、没有感觉。催眠治疗是让人们通过在不同的三维空间里，看到同一个投影源发出来的不同的像之间的内在关联而进行内在调整。在我们真正理解了这套理论体系以后，我们的修炼就不再需要依赖催眠了，或者说不需要依赖弄明白不同的前世之间的关系。因为我们知道你只要能到第四维，你就能看到投影源里的关系，你只需在投影源里去转化，因为一切都可以转化。在三维空间里投影出来的一切，其实都是根据投影源里的认知产生的。那么这个认知投影到第一个三维空间，第二个三维空间，第三个三维空间，它的像是不一样的。你通过像的比较而理解到的结果，其实还是投影源里的本质关系。你只是用了几个事例来证明，你投影源里就带着这么一类纠结。其实你从任何一个投影像里面，都应该能读出这种纠结，然后你到投影源里面把这个纠结颠覆，这部分问题就被超越了。这就是所谓催眠治疗的原理。

近年来还有一个很流行的心理治疗体系叫系统排列。系统排列用了两个基本原理，一个是宇宙全息律，另一个是四维投影源，是通过投影源来改变投影像的概念。系统排列是在一个老师的带领下，学员在一个场域里面，通过不同的人去扮演相关的角色，通过对角色的能量关系的呈现和调整，而达到在现实中的人与人之间关系上的解读和化解。

为什么我们几个人凑在一起演场戏，在现实中事情就会产生真的变化呢？这用到了一个概念，叫宇宙全息律。也就是宇宙中的任意质点，包含了宇宙中的所有信息和它们的相互关系。把这个概念拓展一下，每个人身上都有宇宙中所有人的信息和能量关系，也就是说，自古以来所有人的信息和能量关系你都有。有人说到"附体"，其实根本不是所谓的附体，而是在某种指令下，你可以把身上的那一类能量渲染出来，就好像那一类能量附到你身上了。其实那类能量你本来就有，只是在某一种特定的指令下，你把那一类能量调出来渲染在你自己的身上了。所以系统排列的时候，要解决问题的人，会指定某个学员扮演他的父亲，某个学员扮演他的母亲，指定不同的角色后，他再根据自己的感觉把那些人推到这个场域的某个位置，通过这些人在现场的移动、远近关系和一些简单的交流，而进行现场能量调制。为什么任何一个学员都能扮演这位主角的父亲和母亲呢？因为任何人身上本来就有这位主角父亲或母亲的全部信息，只是在这个场域里面，你完全放空以后，他们给自己一个指令进入了或者调用了或者渲染了他们内在的那个人的信息。

这里就有一个前提，在场的学员必须服从老师的游戏规则。如果某个人从心里抵触，或者他根本不想做这件事，即使他在场上，效果也会大打折扣，因为这种配合是整体性的。一般来讲，系统排列的老师要有一个相对高的意识维度。如果老师的意识维度不够高，会出现很有意思的事，就是你把一个人带到这个高维状态以后，就进了某一种纠缠的能量状态，而你的能量状态不足以把这个场域摄受住的话，这就相当于你把这个拉链拉开后却拉不上了，这是很危险的。所以，系统排列现场的场是非常重要的。在那个现场里面，用到了全息的概念，产生了一个进入投影源的意识状态。在这个意识状态里，每一个扮演不同角色的人放下自己在三维空间的生命角色，进入另一个人的角色，这个角色是在投影源里的状态下呈现的。在投影源里能量关系的转化，再投影到现实，现实的像就变了，这是它解决问题的关键。但还是那句话，系统排列和催眠有很大的危险性，当一个人把他的源代码、源程序空间全部敞开的时候，排列师、催眠师给他植入指令的话，他是不知道的。

近代出现的超心理学，又称为心灵学，已经不只是在三维和四维的关联上，它进入更深层的空间层次——超意识层次。超意识层次与觉醒相关。心理学的目标是以解决问题作为起点和终点，心灵学的本质是以唤醒智慧为目标的。近些年，大量的心理工作者转向心灵工作者。人类也越来越多地开始追求内在心灵的成长，因为人类的平均时空能量已经从三维主导转向高维主导。

心灵学很有意思，当我们从现代科学、三维思维逻辑往上研究时，往往在研究到一定高度的时候，会出现各种各样的执着，例如执着于宇宙的某个星座，执着于某个空间层次状态，或执着于某个大师的形象等等，会或多或少产生一些跟我们具足圆满智慧之间关联的障碍。我曾经跟一个心灵课程团队的总负责人聊过，他说我们的课程是让人体验心灵状态的。我说，心灵的灵是高维的，让人体验高维有时是很危险的事，他听了以后觉得有道理。因为有些人花了很多钱上心灵课程，上课的时候很开心，下课了就很疲劳，现实中就开始厌世，讨厌现实，没法融入现实生活状态，天天像个"课虫"似的追着上心灵课程。这位朋友问，那怎么办呢？他也觉得这是个问题。我说，实际上真正的心灵课程，是把人带到心灵境界，把人带到高维，一定要给他方向，不让他执着在任何一个中间层次上，这就强调了愿力的重要性。所以一定要有个大愿，大愿的目标就是 N 维宇宙空间（N 趋于无穷大），在之后几讲里会涉及这个概念。

实际上心灵学体系背后一定要有一个究竟、有一个真正的核心支撑，这个支撑实际就是彻底地唤醒智慧，也就是有一个根本的方向。这个根本的方向在《金刚经》一开始须菩提问释迦牟尼佛"如来善护念诸菩萨，善咐嘱诸菩萨，应云何住，云何降伏其心"中表达出来，也就是嘱咐这些菩萨应该如何护持他们的念，也就是他们的心念应该放在哪儿？他们的意识住在何处，才能降服一切妄念，才能降伏一切心魔。因为只要执着，只要你放的地方不对，产生的执着就障碍了你彻悟的通道。释迦牟尼说："发阿耨多罗三藐三菩提心，应如是住，如是降伏其心。"发无上正等正觉的大愿，就是把意识放在N维宇宙空间（N趋于无穷大），也就是所有跟心灵相关的终极目标，一定是往这个方向引导的。如果只是放在中间以某一种相、某一种功能作为目标的话，都有可能成为他内在觉悟彻悟的障碍。

不同的宗教系统、不同的心灵系统在描述高维空间的时候，描述的方式、描述的层级都不一样。就像切蛋糕，怎么切？切得密一点、稀一点，横切、竖切，切法并不重要，重要的是它的本质。在整个宗教体系、心灵体系、新时代体系里面，有很多层面的、各种各样的描述。佛家对高维的描述有不同层次的天：大梵天、忉利天、兜率陀天、他化自在天等等。在克里昂（Kryon）的系统里面，有八个能量层次。在《一的法则》（*The Law of One*）里面也有它不同的层次，它用密度来描述。我们就用《一的法则》来给大家做一个解释。

《一的法则》中说一帮科学家想跟外层空间智慧去连接，他们没有选择现代的科学手段，而是找了一个灵媒。灵媒就是可以和高维连接的人，是通高维信息的。灵媒躺在床上，按照他的要求在他的头部摆放香案，摆上水晶球、香之类的工具。《一的法则》这本书，就是科学家向灵媒提问，灵媒问答的记录，这本书非常晦涩，看起来很费劲，但是很有意思。它讲的是灵媒进入了一个更高维度的空间层次的生命状态的时候，来解答人类的问题。科学家问的问题都是基于三维的角色的，灵媒的回答却很有意思。比如科学家问你是什么样的状态？你是从哪儿来的？灵媒说整个宇宙有八个密度，人类是在第三密度，他来自第五或者第六密度。科学家问他，你和人类有过什么关联吗？他说有过，在金字塔时期和人类有过接触。科学家再问，你们跟人接触时做过什么呢？灵媒回答他们帮人类建了金字塔。科学家问他们是怎么建的金字塔？灵媒说他们是用意念帮人类建的金字塔。科学家继续问他：既然你们用意念建金字塔，为什么不直接建一个整个的，为什么还用一块一块石头垒起来？灵媒回答如果建一个整个的，人是无法接受的，一定是用当时的人类可以接受的形态建金字塔。而人类建金字塔的目的是什么呢？金字塔实际上是一个跟宇宙连接的聚能器，在金字塔内的人是可以补充宇宙高维能量的。后来他们就不做了，因为他们发现人类太自私了。灵媒说他们建金字塔是为所有人服务的，结果人类只为法老服务。这个案例就是个实时对话录。

科学家问，我们人类在第三密度空间要待多长时间？灵媒说得很严谨，以人类的时间来说，以地球人的时间来说，人类在第三密度空间里面要经过七万五千年。七万五千年要分成三个阶段，第一个两万五千年，几乎没有成熟的灵魂被收割。到了第二个两万五千年，有一部分灵魂成熟了，可以被收割，但是他们选择了留下。这就是现在我们时空里的高僧大德、先贤们、智者们，他们选择留下来等待人类的共同提升。到了第三个两万五千年，人类会共同提升。那么我们现在是处在什么时期呢？现在距第三个两万五千年最后的时候，以人类的时间来说还大约有三十年。灵媒说这句话的时候是1981年。所以2011年、2012年就是一个转折期，也就是我们人类已经从第三密度转向第四密度了，人类内在意识能量已经从三维状态转成高维主导了。在那之前我们关注的是物质，平均能量关注度是以物质占主导的。那个时间点过了以后，我们关注度是高维的了，是精神了，是灵魂了。玛雅历法把那个时间点叫世界末日，其实不是世界末日，是整个三维空间，是地球三维生命的起始到三维生命的跃迁、提升到更高维度，这是标志性的点。这不是末日，是三维认知的一个结束，一个升华的点，实际上我们已经进入了高维能量主导的时空点了。这个是末法时期，是三维修炼法门的末期，那么到了第四维以上是人类自觉的空间了。

所以，我们的心灵空间是让我们真正进入和超越的部分，心灵空间的最高境界是 N 维（N 趋于无穷大）。有人提问，人都奔 N 维（N 趋于无穷大）去了，三维还留下什么？这个只是一种描述，其实这个宇宙空间从零维到 N 维（N 趋于无穷大）都是一体的，高维并不在外边，它在里面。我们看到的外在一切都是内在投影出来的。高维一定是在内在，在外面是找不到高维的。所以，为什么我们所有的修行叫内观，叫观自在，观自性的临在，自性就是 N 维（N 趋于无穷大）。临在就是当下的能量状态，跟我们的生命，跟我们的内在意识相关，跟我们的生死相关，这种能量关系的描述和它们之间的共性，用它来理解生命意义的本质，是提升意识能量的自由度。有人说低维消失了，这不是存在或消失的问题，是他照见这个东西是空的，看到的是无意义的。就像人不会执着在蚂蚁的生命状态里，蚂蚁打不打架，蚂蚁洞空了，跟我们人没什么关系，这就是高一维看低一维的能量状态。所以，从低维向高维是向内叫"观"，从高维向低维是向外叫"照"。"观自在菩萨，行深般若波罗蜜多。"深般若波罗蜜多是什么呢？是深度地禅定，深度地进入内在高维空间。当它足够高的时候，再往回看，这叫"照"，"照见五蕴皆空"。原来低维的能量状态，不是我们以为的实实在在，全都是能量的空性，是具足一切可能性又不执着在任何可能性的状态。高维空间、心灵空间的极致就是 N

维（N趋于无穷大）。

我再强调一遍，这不是真理，这是一种描述，借这种描述便于我们理解人类所有的修炼法门。

生命的智慧系统——多元智慧共同谱写生命的交响乐章

第八讲

一、生命的时空属性——多维度的生命境界

我们三维空间的人对生命的理解其实很清晰,就是从生到死的整个过程。在这整个过程里面,每个生命呈现的状态确实非常不一样,有些人这一辈子过得非常开心快乐,有些人充满痛苦,有些人的生命过程中有很多灾难。在前面一讲中讲到了魏斯博士的《前世今生》这本书,书中描写了我们内在不同的认知投影在现实中呈现出的各自不同的前世今生的生命状态。

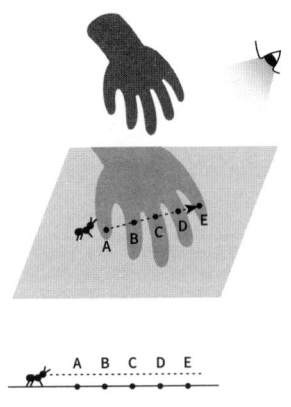

实际上生命本身在三维空间的时候,对于大部分人来说,这个过程是一个未知状态。这种未知状态充满了神秘,很多人并不知道明天会发生什么,未来会是怎样,当然也留下了许多生命中的遗憾。那么当我们从更高空间维度来看整个生命的时

候，很多在现实中我们以为不可能的事情，或者我们以为是按照顺序发生的事情，在更高维度的空间看它其实是注定的，就像当我把我的手投影到二维墙面上时，如果我想从大拇指走到小拇指，在二维平面上我要先经过食指再经过中指，然后经过无名指，最后来到小指，在二维空间里面我并不知道下一个场景是什么。可是从三维空间来看的时候，是一目了然的，从开始到结束的整个过程和所经过的途径了了分明。同样，我们在三维空间的生命来自于我们高维的投影，从我们出生的那一刻开始，我们在三维空间的生命轨迹就注定了。也就是说从更高一个维度看我们生命的过程，什么时间遇到什么人？什么时间经历什么事？甚至什么时间得什么病？都是注定的。这是怎么来的呢？该从哪个角度来解释呢？就是说三维空间事物来自于高维空间，高维空间的能量对于三维空间这种关系而言，我们用佛学智慧的一个字来代替就是"缘"，在佛教智慧里描述生命的时候，并不说生命的开始与结束，它只讲"缘起"，缘起就是因缘而起，因为高维空间的能量分布状态而投影出三维空间的生命现象。

所以佛教对生命在三维空间的描述，很简单地用"缘起"来表示。高维和三维之间的生命关系在佛教系统中又传递给我们一个很有意思的概念，就是"前世和来生"，也就是所谓的轮回。生命轮回，实际是从投影源来看所有的投影像，每一个投影像有不同的像,但是他们在投影源里有本质的关联。每一个不同的三维投影其实就是所谓的"前世和来生",也就是我们所说的梦境和幻觉。这样看来,每一个生命的层次不只停留在三维,还有更高的维度。这种多层次的生命状态、生命现象,站在三维空间其实是无法理解的,但是我们站在整个宇宙空间看的时候,会发现其实我们老祖宗给出的智慧,早就把生命的层次向我们讲清楚了。只是我们从下往上看,我们看不懂,只有站在一个整体宇宙观的时候,我们才能看到生命不同层次演绎出来的事件或演绎出来的呈现,看出它不同的意义。

我们再来看道家智慧。《道德经》里面讲到生死这个环节的时候,一上来就是两个词"出生""入死"。什么叫出生呢?就是从娘胎里出来,那么入死又怎么解释呢?实际上出生就是从投影源里投影到这个空间,入死就是回到投影源里去。这样我们就不难理解什么叫往生,什么叫回家,什么叫视死如归了。

基督教在描述生命的时候,是通过上帝在三维空间制造的亚当,又用亚当身上的一根肋骨制造了夏娃。大家注意,亚当是用土做成的,而土是什么呢?土是我们在三维空间里面二维能量共振、二维能量干涉的一个综合能量状态,它包含了其他的能量元素在里面,所以我们人是五行具足的。上帝从亚当身上拿出一根肋骨,实际上这根肋骨包含了亚当所有的信息,也就是两个信息频率相当的能量波叠加干涉才构成了生命的起源。这个逻辑在东方被演绎成了伏羲和女娲。所以说整个生命的源起，用拟人的方式来表达的时候，实际上它来源于正弦波，来源于能量的集合。在神学系统里面，描述整个生命存在，是从《创世纪》中的宇宙存在开始，然后产生人，到人类的繁衍和人类的整个发展过程，这里面有个非常重要的概念，是基督教里非常明确的，也就是说人是三维的，神是N维（N趋于无穷大）的，在这个中间有很多的层次，我们很容易执着于这些层次中，很容易卡在中间状态里面。所以基督教的心法，就是告诉我们离开三维的人就是N维（N趋于无穷大）的神，不要执着于中间，因为所有的执着都有可能让我们卡在中间层次上。同时又告诉我们另一个非常重要的概念：神在你

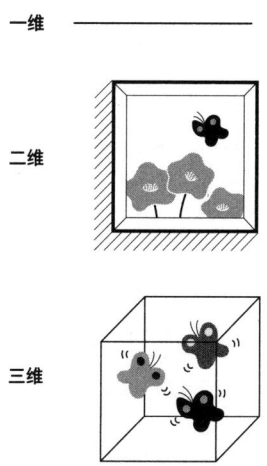

的里面，神与你同在。它把整个宇宙的完整性、生命和高维空间的能量关系用很简单的方式加以描述。

所以从对人类不同的智慧系统的描述中，我们不难发现生命确实有不同的层次。那么用科学的逻辑来描述的时候，我们可以举一个例子。比如一维空间是一条线，无论怎么装饰这条线，它都不美。二维空间是一个面，我们可以在这个面上画很美的图画，所以我们对二维空间的美感比一维空间多无穷多倍，那个比一维空间美无穷多倍的二维空间相对于一维空间来说就是天堂。而三维空间是立体的，犹如一幅精美的画，我们可以画中游，这样对三维空间的美感又比二维空间多无穷多倍，所以三维相对二维来讲也是天堂。同样，如果我们现在在四维空间，我们看到的空间能量关系一定比三维能量关系要美无穷多倍，那个比现实美无穷多倍的地方，被人类和宗教称为天堂。而四维比三维美无穷多倍，五维又比四维美无穷多倍，所以天堂相对来讲也有不同的层次。

在我们接触的不同宗教系统里面，佛教系统明确地描述了不同层次，比如说：大梵天、忉利天、兜率天、化乐天、他化自在天；比如说声闻缘觉；比如说十地菩萨。那么道学系统在哪儿描述了这个层次呢？《道德经》告诉我们"失道而后德，失德而后仁，失仁而后义，失义而后礼，失礼而后利"。这个层次演绎是怎么来的呢？道是 N 维空间（N 趋于无穷大）的，离开道就是失道，进入 N-1 维，它的能量被"德"这个字来描述，所以失道而后德，德就是自由度，就是维度。失德而后仁可以理解为从四维到三维，进入三维的能量关系，在三维我们能感受到的最大能量就是大爱，它可以用"仁"字来表达，所以说失德而后仁。也就是从四维进入三维，能量的描述变成大爱，变成仁，而这个"仁"字是由一个立人和一个二组成，也就是由两个人组成的，一个是有形的粒子态的人；一个是无形的波态的人。这就是道学系统《道德经》对一种生命境界的非常明确的表达。

我们刚才讲了神学系统是把中间层次全部去掉，因为我们人类很有可能执着在中间层次。这个思想跟禅宗思想非常接近，也就是当你离一切相的时候，才能够得到根本智慧；这也就是佛教《金刚经》里讲的"若以色见我，以音声求我是人行邪道"，它跟基督教讲的拜偶像就是拜撒旦，说的是一回事。由此可见，不同宗教系统和人类不同的多元智慧系统对生命的描述是共同的，虽然描述的方法不一样，但描述的本质是高度契合的，而且可以相互验证。

二、生命的现象与生命的本质——投影与投影源

前面我们说到生命的源起是源于高维能量的分布。在我们

研究高维能量分布的时候，看清投影源里面的信息是什么非常重要。在我们研究最初始的宇宙存在的时候，我们用正弦波来描述。一旦起了一个正弦波，佛教说是起了"一念"，道教是呈现一个阴阳。这个生命最初始的状态，是从高维出现的，当我们执着于这个能量关系的时候，这个能量的呈现就相对固化。这种相对固化的能量关系就是我们所谓的认知，而这个认知就是我们投影源里的信息能量分布，也就是我们内在能量产生能量纠缠的频谱。这个频谱投影到现实中来，就是投影到三维空间，而渲染出与这个频谱相关的能量的呈现，就是所谓的生命源起。所以我们说一切生命之源起全部来源于高维认知，或者相关的认知；也就说我们的认知在什么样的层次，我们就将投影出什么样的世界，就将看到什么样的现实。

前面我们反复强调一个非常重要的概念，高维空间不是在外面可以找到的，而是内在的探寻。因为只要是我们在外面看到的所有信息其实全部都是三维认知投影出来的像，我们在外面看到的所有的像，所有的呈现，所有的事物都是我们内在投影出来的像，而投影源里面的信息才是本质。所以高维空间只有在我们内在才能找到，内观就是我们获得高维信息与高维空间连接的一种根本的方法，内在认知构建了我们整个生命的场域。有什么样的内在认知，我们就能投影出什么样的现实世界。在讲课过程中，经常有朋友问我："刘老师，您能知道我在哪个维度吗？或者说我在哪个层次？"我的回答很简单："你看你周围的人在哪个层次，你就在哪个层次。如果你周围的人都非常的好，非常优秀，那你这个人真的不错；如果你以为周围的人都不怎么样，那你自己的内在投影源也不怎么样。"所以我们的内在会投影出我们现在看到的现实，你有什么样的认知就投影出什么样的现实。如果我们对现实不满，那只有一个可能性，就是我们本身内在认知的缺失或是内在的不圆满。一切的原因源于内在，这个概念让我们将生命理解为不外求，所有我们内在的成长，所有我们真正的成就，其本质都是源于内在。

由于我们在三维世界的认知障碍，我们对于生命本质的理解被大大地局限了。我们强悍地认为这个世界的时间是常量。在时间是常量这个概念之中，我们没有办法突破三维认知，也就是说我们没有与我们自己内在的投影源连接，这使我们产生了生死的幻象，而且因为我们对三维幻象的执着，我们对死亡产生了巨大恐惧。其实对死亡的恐惧是我们在三维人生里最大的恐惧，这种恐惧来源于不了解。因为我们不知道在我们的三维生命之外，我们的能量并没有消散，我们在投影源里的能量本体被称之为灵魂。灵魂是永远不会死的，因为到了四维，时间是变量，它可以在时间轴上任意到过去，任意到未来。投影源才是生命来源的本质，当我们真正知道这件事情时，我们才能够真正地超越对死亡的恐惧。

当一个人理解了生命、生死原来如此简单的时候,他的生命状态会完全不一样,在他觉悟的那一刻,就活出了生命真正的价值,或者说他就有可能活出生命的真正价值。如果他带着对生命的恐惧、对死亡的恐惧,他在生命中的所有行为都会大打折扣。这是因为他永远会惧怕生命结束的那一刻,他不知道生命的本质是不会结束的,而生命的现象就像我们经历的一场考试一样,最终总是要交卷的。不理解生命本质的人,在拼命地希望延长生命时间的长度,而往往忽视生命的质量。其实有些人生命长度可能挺长,但他有很长一段时间是躺在病床上,饱受病痛折磨,在这种状态下,如果没有真正觉悟,他的能量就会持续下降,这种状态叫生不如死。如果一个人的生命在生不如死的状态下持续,他的意识能量也会急剧下降,这跟生命本质的意义正好相违背,所以这部分生命的长度是毫无意义的。真正通透领悟生命的人,他的生命时间不一定很长,就像在考场上,有些学生是可以提前交卷的。

所以说投影与投影源,决定了我们的生命现象。当我们真正了解到这一点的时候,所有的一切都取决于我们如何处理投影源里的信息,如何处理我们在投影源里的认知,这些认知,佛家管它叫"业",基督教管它叫"原罪"。所有投影源里的信息都是认知,所有的认知其实都是障碍,都是跟我们内在具足圆满智慧连接的障碍。而这些障碍会在我们的生命中呈现出来、投影出来，所以我们在生命中遇到的一切，都是我们觉察内在障碍的机缘。佛家说"烦恼即菩提"，我们在现实遇到的一切都是因内在认知的呈现。而所有的事物不断地提示我们，我们带着某组认知生活在世界上，而这些认知恰好是我们跟内在具足圆满智慧之间的最大障碍，我们只有超越它或者颠覆它，才有可能通往内在具足圆满的生命状态，这就是所谓的"消业"。

三、生命的根本意义——提升意识能量的维度（自由度）

儒学智慧里面讲道："大学之道，在明明德。"德是自由度，明德就是最高境界自由度的一种表达，明德其实是道。"明明德"的第一个"明"是动词，意思是不断地超越认知，不断地超越无明，不断提升自由度，最终目标是达到明德，达到道的境界，达到最高智慧境界，达到 N 维宇宙（N 趋于无穷大）的境界。

前面讲到，稻盛和夫在谈到生命意义的时候说了一句话："生命的意义在于走的时候，灵魂的高度比来的时候要高了一点。"这是什么意思呢？我们知道灵是高维空间，灵魂是高维能量，灵魂的高度其实指的就是我们内在意识能量的维度。稻盛和夫在现实中创造了两个世界五百强，挽救了日航，创建了阿米巴管理法，建立了盛和塾。在世人眼里，这是多么成功的事业，可是他在谈到人生意义的时候，对这几件事却闭口不提。这是为什么？是因为他真正领悟到生命的意义跟现实的呈现不是这种关系，生命不是因为呈现了这些现实而有意义。这些现实只是他内在意识能量境界的一种呈现或者一种表达，它投射到现实，投射出了这种成功的状态。所以，是因为我们内在提升了而可以呈现现实的成功，而不是现实的成功使我们内在得到了提升。

对于生命意义的理解，不同的人站在不同的角度，可以有很多种说法。可是在现实之中，每一个人在自己的生命当下，会如何去实现、去践行提升意识能量自由度这件事情呢？我们描述人的不同境界、生命的不同层次的时候，有一句话叫："见山是山，见水是水；见山不是山，见水不是水；见山还是山，见水还是水。"

我们在三维的还没有觉悟的生命状态时，我们看到的物质世界的一切，可以认同、可以参与、可以融入，但往往是在被动的状态下面对我们的生命、面对我们的命运，我们很有可能沦为我们喜欢的某件事情的奴隶。比如，我们喜欢钱财，成为钱财的奴隶；我们留恋情感，成为情感的奴隶。这是一种在低维能量状态下的生活状态，因为我们不知道这些表象事物背后的本质意义是什么。当觉悟提升的时候我们发现，原来我们在三维空间执着的事情到了更高一维时已经完全失去了意义，就像当人去看蚂蚁的时候，蚂蚁一生的所有作为在人的眼里一点意义都没有。所以当我们的内在提升后，再回头看我们三维空间的时候，就看到了无意义，这就是所谓的"见山不是山，见水不是水"。

我们理解了生命的意义是提升意识能量的自由度，我们也理解了在三维空间我们遇到的所有事情，其实都是因为我们内在的认知而投影出来的像。我们所有的认知都是障碍，而呈现的所有的三维的像都是帮助我们去察觉和发现内在认知的障碍是什么。这个时候，我们就进入了第三个阶段，叫"见山还是山，见水还是水"。说明我们理解了现实中发生的每一件事情与我们内在成长的关联，我们会发现，原来现实中遇到的所有事情其实都是我们认知的投影，而那些认知都是障碍。只有当我们觉察到这些认知是障碍的时候，我们才有可能有的放矢地对它们进行颠覆，这就是"见山还是山，见水还是水"。

佛教系统将其描述得非常简单，就叫"烦恼即菩提"。在描述不同层次的"烦恼即菩提"的觉悟状态的时候，一个完全把自己的烦恼转化成智慧的人被称之为罗汉。也就是说，他生起任何烦恼的时候，他解这个烦恼是用智慧去解，他在解烦恼的同时获得了智慧，他已经不会因为自己的任何事情而生起烦恼，这就是一位觉者，被称之为罗汉。而菩萨是把别人的烦恼也当自己的烦恼去解,所以别人的烦恼成了他得智慧的因,他比罗汉多了无穷多倍得智慧的因,所以他的智慧境界比罗汉又高了无穷多倍,这就是菩萨。我们所说的发菩提心,实际是发出的觉行圆满的心,就是将解众生的烦恼,作为自己生命的真正目标,这就是发菩提心。这样所达到的自由度就是N维空间(N趋于无穷大)圆满境界的自由度。

四、入世心法——信、愿、行、证

这就引述出另外一个非常重要的概念,也就是我们入世的三维空间的人如何在每一个当下去提升内在意识能量的自由度,我们把它称之为"入世心法"。入世心法有四个部分:信、愿、行、证。

信什么?在不同的系统里面给出了我们不同的信的目标。佛教系统信的是佛,道家系统信的是道,基督教、神学系统信的是神和上帝,而这个信的终极目标指的全都是N维空间(N趋于无穷大)的宇宙智慧。

实际上N维(N趋于无穷大)的宇宙智慧和零维没有任何区别,也就是说,零维质点里面包含宇宙中的所有信息和它们的相互关系,具足宇宙中的所有智慧,而我们每一个人跟零维智慧是随时融合一体的。也就是说空间中任意质点都具足宇宙中所有智慧,而我们每个人也必具足宇宙中的所有智慧。所以说相信我们内在本自具足,才是真正的正信。当我们真正能够回归到自己内在的高维,或者说回归到自己内在的零维这两个方向的时候,我们就能验证我们真正内在本自具足的生命状态。

所以入世心法第一讲的就是"信",如果你不相信你内在本自具足的话,你就没有办法实现你自己内在的圆满,这叫"信为道源功德母"。而这种信才是本质的信,一切在外面的描述都是为了成就这个信,而这个信实际达到的最高境界是和整个宇宙合一的,并不是对自我的一种膨胀,而是对整体宇宙能量的正信。当一个人相信本自具足的时候,他不会妄自菲薄,会永远有进取的能力和自信。而当他相信众生本自具足的时候,他也绝对不会妄自尊大,因为他知道这个世界上的每一个众生内在都是本自具足的,所以他的心态是高度平衡、高度和谐的。

只有信还不够,入世心法第二步就是"愿"。什么是愿?就是目标,就是我们内在成长的根本目标。

回想小时候我们经历过的某些事情,当时的我们觉得天要塌下来了,恐惧得一塌糊涂,可是长大以后再次回想那件事,会发现我们当时的反应就是一个笑话,其实我们根本不需要那么恐惧、无奈,这就说明我们长大了。就像我们登山一样,我们登眼前这座山,觉得是一座高山,可是当我们站到更高的山顶的时候,再回头看看这座山,会觉得那不过是一个小土坡而已,这叫"会当凌绝顶,一览众山小"。如果我们把眼前这座山当成人生唯一的目标,我们不一定爬得过去,也许还会累得气喘吁吁。如果我们把最高的山当成目标,那我们遇到的每座山,都必须得过去,动作还得快,姿势还得优美、潇洒,这就是我们内在的愿而带来的巨大的内在动力。所以有多大的愿,我们就会相应产生多大的内在动力。有句很简单的话说:"有大愿的人,在现实中没大事。"如果我们在现实中摊上所谓的大事,让我们手足无措,让我们无法超越,那只能说明我们的愿力还不够。所以说真正立下大愿,才是我们生命中最关键的一步。

佛教系统的《金刚经》一开篇,须菩提问释迦牟尼佛:"云何住,云何降伏其心。"意思就是对所有的菩萨,佛祖你是如何护持他们的心愿,怎样叮嘱他们把心安住在什么地方,才能降伏一切妄念的?释迦牟尼佛的回答是:"如是住,如是降伏其心。"就是"发阿耨多罗三藐三菩提心"。也就是发无上正等正觉大愿,即 N 维(N 趋于无穷大)空间的宇宙智慧。神学系统里面讲到"与神同在",这是真正的大愿,叫"回归神的国"。神的国在 N 维(N 趋于无穷大),所以说这个愿也是 N 维(N 趋于无穷大)的大愿。儒学系统讲到"大学之道,在明明德",这个"明德"指的也是 N 维宇宙空间(N 趋于无穷大)的智慧。

我们整个智慧系统指向同一个大愿,道家也管它叫"天人合一",也是指的N维(N趋于无穷大),因为只有在N趋于无穷大的时候,我们才能达到宇宙智慧的顶点。所有智慧指向的这个大愿,才是我们生命真正的归属。有这个大愿的时候,我们才在整个生命的过程之中,在内在智慧与生命提升的过程之中,不会执着于任何中间层次。我们既不排斥中间遇到的所有能量、所有呈现,同时也不会迷信这些能量,它们都将变成我们内在成长的助缘,因为它们都是我们在不同阶段超越有限认知的阶梯。

当有大愿以后,下一步就是"行"。我想上山,我躺在山脚下不动是不行的,所以一定要行。这叫"立于高远,行于足下"。但是,我们要在这个"行"前面再加一个"心"字,即"心行"。

为什么强调心行?因为万行必归于心行,万法必归于心法。如果我们不能在投影源里下功夫的话,说明我们只是在像上下功夫,我们没有办法攀登我们内心的高峰,所以这个行一定是心行。这个心行使用的就是心法。心法在我们三维空间的入世里面怎么使用呢?很简单,首先是觉察,因为我们在现实中遇到的所有事情都跟我们的内在成长相关,都跟我们的内在认知相关,所以第一时间我们就要觉察。

觉察就是要发现题目。当我们发现题目的时候,第一件事情就是要读懂题目，而要读懂题目的前提就是要反求诸己。因为读懂题目的目的是要读懂这个题目反映了自己的什么认知，而所有的认知都在内在，根本不在外面，所以一定是反求诸己，向内寻找原因，这样才有可能读懂这道题。如果我们在外面寻找原因的话，对不起，你解的那道题与成长没有关系。只有向内找到原因的题目，才是真正引领我们内在生命提升的题目。反求诸己的下一步，就是要看到这件事情是因我们的什么认知而产生的，观到这个认知，再把它颠覆，这就是所谓的"消业"。在颠覆的那一瞬间，在超越这个认知的一瞬间，我们就成长了，我们就在与高维连接，在这一瞬间，我们就产生了无尽的喜悦，这种喜悦在宗教里面称之为"法喜"。没有体验过法喜的人，无法理解法喜其实比我们在三维空间里面获得的任何喜悦都更有价值。

当我们的生命在实现的过程中是由一连串的法喜构成的时候，我们每一个当下都会感到自在、喜悦、快乐、充满创造力，而生命的意义取决于当下的状态。所以人类的所有修炼、所有修行，修的都是当下这一刻，因为当下的心行才可以跟我们内在高维能量连接。

心行还有一个重要的步骤，就是不断地跟内在高维智慧连接。用的方法就是持咒、诵经、祷告、瑜伽、内观等，这是真正心行的一部分。这些心行是跟高维空间连接的关键，如果不能进入我们内在去行的话，或停留在表面，那它只是低维实践，解决不了本质问题。所以心行、心法都是高维实践，而高维实践就需要高维实践条件。

我们在三维空间里面如何来创造这种高维实践条件呢？可以从五个方面来探讨。

一是净，干净的净，当我们内在是干净的时候，我们才能够通透地与我们的内在高维连接。

二是静，安静、平静。只有在湖水平静的时候，我们才能穿透湖面看到水底，才能看到湖面反射的日月星辰，所以我们要让心平静。

三是敬，恭敬。当我们知道 N 维宇宙空间（N 趋于无穷大）的智慧，比我们在三维空间所拥有的这些所谓的知识要多无穷倍时，这种巨大的势能够使我们接受高维对低维的引领，能够无条件地臣服在高维能量的调制之下，这样才能超越所有的我执和法执，所以这个恭敬是必然的。

四是镜，镜子的镜。我们每个人相当于坐在一个球面镜的中心，我们看向四面八方，其实看到的都是我们自己的像，也就是我们看到的外部的一切都是我们自己内在的投影，这个世界没有别人，只有你。

五是境，环境的境，也是境界的境。在我们无明的时候或在我们迷失的时候，我们需要创造一个让我们能够走向成长的道路或环境。假如我们现在到了海南省七仙岭,这个地方有着很好的自然环境,同时一批志同道合的人在一起,也创造了一个良好的人际关系的环境。我们远离现实的喧嚣,远离我们在现实中的那些纠结,我们创造了很好的客观修炼环境,所以这个环境对我们每个人都很重要。同时我们每个人此时此刻所达到的境界也非常重要,也就是说我们所有对治的问题,所有对治问题的方法和办法,一定要和我们现在所在的境界能够对应才行。就好像给小学一年级的学生出一道中学生才能做的题,虽然这题也能帮助人成长,但它帮不了小学生。所以境界的切入点是非常重要的,自己要了解自己在哪一个境界上,从自己的当下去下功夫。

这五个方面是我们进入高维空间意识状态的条件,是创造高维实践的条件。

信、愿、行、证的最后一步是"证",证其实是印证。这个印证有一个前提,必须要直心面对自己,直心面对现实,就是在凭你的直觉做选择的时候,才能真正地看到你的内在的认知到底是什么。因为当你用知识包装了自己以后,内在认知和现实的像之间就有了一层隔阂,就有了一层障碍,你没有办法通透地看到自己的认知障碍是什么。只有你直心地面对现实的时候,现实的呈现才会给你最好的印证。当你直心去决定一件事情的时候,这件事做成了,它帮助你证明你本自具足；这件事没做成，它帮助你发现你的认知障碍，你只要把障碍颠覆了，下次你就成功了，这就是"失败是成功之母"。所以证的前提就是直心，有句话叫"直心是道场，率性之为道"。不能真正直心面对自己，不能直心面对现实的人，就没有办法在这个环境中真正证得本自具足，也没有办法在现实中去觉察自己的认知障碍。

信、愿、行、证的证是不断地验证我们本自具足，每一次验证都给了我们更大的信心，所以在入世心法的操作过程中，一开始我们可以选择一些小的事情、不那么重要的事情，用我们的直觉去做决定，这样不断地积累我们内在的自信，不断地验证我们本自具足。

当我们在现实中不以信、愿、行、证这个入世心法来面对我们自己的时候，我们的生命往往是迷茫的，我们既没有办法看到我们生命的根本方向，又不能脚踏实地地实现我们每一个当下的价值。所以，入世心法是呈现我们生命的根本意义，提升我们意识能量自由度的一条在现实中可以走的路。当然，在现实中还有很多其他的方法，很多其他的法门，不同的宗教系统也有不同的修炼方式。对于每一个还没有选择出家、没有选择以某一个法门作为终身修行法门的人，这个入世心法是一个参照。

生命的根本意义——提升意识能量的维度。

科学智慧系统——人类科学文明发展的过去、现在与未来

第九讲

这一讲会切入整个理论系统的核心主题——科学逻辑，也就是我们说的科学智慧系统。其实，所谓科学智慧系统，不过是借用的一个语境，我们前面讲到的所有系统其实都是对整个人类智慧系统从不同方面的一种描述，每一种描述都有它自己完备的逻辑体系，都是自洽的。科学智慧系统是我们人类从远古走到今天，不断积累起来的一套完整的逻辑体系。这个科学逻辑体系描述着所有的三维空间存在和它们之间的关联，我们试图在这个理论体系里面，完备地表达我们所有的存在。随着科学的发展，我们也慢慢地知道有着更大的未知世界等待着人类去认知。所以，以科学逻辑的思维方式，是以建构在三维空间的实践活动作为基础，以人类在三维空间所有的眼、耳、鼻、舌、身作为实践方式，通过对人的眼、耳、鼻、舌、身的延伸而创造了所有的科学方法。这些科学方法使得我们人类对客观世界有了更多的了解，现在我们就对整个人类科学技术体系发展的过去、现在、未来，做一个简单的陈述。

首先，还是要重复一下我们整体系统的逻辑框架。这个逻辑框架可以帮助了解我们的智慧系统和其他智慧系统的关联，探索它自身自洽的一种无限延伸的可能性。第一，在现实世界里我们首先研究的是空间概念，在这个逻辑里面我们借用的是线性几何的概念，也就是从零维到 N 维（N 趋于无穷大）的宇宙空间。这个空间比较完备地把整个宇宙的分解，用一种相对严谨的逻辑关系全部涵盖了,也就是它体现了其大无外、其小无内的宇宙存在的一种状态。第二,我们研究这个空间里的存在,采用的思想方法是在存在里面找共性。在我们所有的有形物质存在里面的共性,我们称之为分子,所有分子存在的共性是原子,原子的下面是原子核和电子,原子核再往下是质子和中子,质子可以分解为正电子和中子。当我们把宇宙存在分解到这个层次的时候,会发现宇宙的存在只有三样东西:中子、正电子和负电子,我们统称为基本粒子,因为是所有物质世界的基本构成。基本粒子的共性,有一种说法叫量子属性,也就是它们都具备波粒二象性。波动性和粒子性属性的共性是什么呢?其实它们都是能量波,也就是波动相干成像的时候构成了粒子性。而波动相互作用没有成像的部分,保持了它的波动性,组成了相关信息和意识,所以波动性是我们整个宇宙三维空间一切存在的共性。

在现实中,有不同类型的波。根据傅立叶变换,所有的能量波都可以以正弦波的叠加加以表达,也就是它们最终都会分解为正弦波。所以正弦波成为我们这个逻辑体系描述的最基本存在,也就是说这个宇宙中最基本的存在是正弦波。正弦波的叠加构成了这个宇宙一切存在的基础。我们在三维空间研究正弦波的时候,注重的是它的振幅和频率,却忽视了一个非常重要的概念,也就是当我们把它与空间概念相结合的时候,才发现原来能量波的维度远远比它的频率和振幅更重要。不同维度的能量之间的关系是投影关系，也就是一维的能量是二维能量呈现的投影，二维能量的呈现是三维能量的投影，N-1 维的呈现是 N 维（N 趋于无穷大）能量的投影，所以 N 维（N 趋于无穷大）的宇宙智慧是一切的投影源。

在了解这个投影关系之后，我们就知道了整个宇宙能量分布的关系，其实都是由能量波的投影关系组成的。在能量波的传输特性里面，我们又了解到一个概念，就是任意质点具足宇宙中的所有信息和它们的相互关系。也就是每一个能量波都会通过任意质点，即使这个质点是其小无内、不占任何空间的，它也包含了宇宙中的所有信息和它们的相互关系，这就叫宇宙全息律。这也就是佛祖出定时说的："一切众生皆具如来智慧德相。"这也就是道和神学里讲的道、神无时不在、无处不有。这就是我们整个理论体系的核心，以这个核心去连接所有的智慧系统，我们都能找到它们之间的关联，以求同尊异的心态去面对所有的智慧体系的时候，我们发现它们能够达到高度的合一，能够进行高度的相互印证。

所以，在我们今天了解到人类科学技术的进步和发展时，不难看出，迄今为止，我们大部分的科学技术描述的是三维世界的事物，特别是我们现实中所有的科学学术权威，基本上都是秉承以三维实践作为科学依据的原则。这个原则在三维空间里高度符合科学的思想，也就是说实践是检验真理的唯一标准，一切源于实证，最后再由实证来告诉我们什么东西是科学的，什么东西是不符合科学原理的。但是，三维实践检验三维真理，高维实践检验高维真理，试图用三维实践检验高维真理，在逻辑上就犯了一个错误。反过来说，高维空间到底存在不存在？在这个宇宙中所有的宗教智慧系统都在给我们提示，在我们的人类能够看到的有限空间之外，还有更高的空间层次。那么这个更高的空间层次，不同的宗教以不同的形式在表达，而在那个境界中，有很多方面是我们的现代实验科学无法企及的。

当我们打开思路，当我们把科学的定义域从三维空间拓展到 N 维空间（N 趋于无穷大）的时候，再回过头来看它跟所有智慧系统之间的关联，发现它们之间原来是完全可以相互印证的。而这种相互的印证，更容易让我们对整体宇宙有所了解，更容易让我们对人类的所有智慧以及它的本质有更深刻的了解和更全面的认同。

一、人类知识的积累与传承——三维实践的局限与传承

首先，我们人类一直认为，走到今天的科学技术是由人类多年的实践经验积累形成的整体的知识系统和科学系统。我们

这种认知对不对呢？在三维认知体系里面，它当然是正确的。因为我们是通过知识把所有的实践经验累积统计、去粗取精、去伪存真，最后形成了我们人类的整体科学思想。每一个发明都必须经过大量事实的验证，这就是我们所谓的知识积累。而在这里我们要去研究的是知识到底是什么？知识到底是怎么来的？

在一般人眼里，知识是实践的总结，是通过实践数据的统计、实践经验的累积，而形成的对我们人类有价值的观点。但是我们最初的实践、最初的创造性的思维，是从什么地方而来呢？也就是知识的实践活动的动力源于什么？在这一点上，我们从不同维度空间的投影关系可以判断出，我们人类所有的发明创造最初都是源于灵感。

"灵"这个字其实我们可以把它理解为高维空间。灵界是高维空间，灵魂是高维能量，心灵是高维空间状态，所以说灵是高维，灵感是来自于高维空间的信息。这就给了我们一个非常重要的启示，其实人类所有的科学实践的最初想法，是来自于我们内在的高维信息，是从高维信息获得的灵感，然后我们为了去验证这个灵感的正确性，通过大量的实践，并对实践结果加以统计，最后归结成我们所谓的知识。还有一种情况，是具有高维能力的人通过下载信息，通过从高维空间下载完整的信息体系而创造不同的智慧学说，然后通过知识的形式进行传播、传授。当然，在这个传授过程中，真正能够下载信息的人，他所传授的并不仅仅是知识，他是把知识和智慧进行一体化传播的。比如像释迦牟尼佛、老子、孔子，实际上他们传授知识的背后，蕴藏着大量的智慧。

这就相当于，我把一座三维的山投影到二维的平面里面来描述等高线的时候。其实等高线就是相对应所谓的知识，而这座山相对于二维的知识来讲就相当于智慧。那么一位老师教人去看山，就相当于是在传道；教人看等高线，相当于是在授业；向人们解读等高线和山之间的对应关系，相当于是在解惑。在这个模型里面，我们不难理解，一个真正的老师所谓的传道，授业，解惑，实际是完整地把高维信息用二维的方法表达以后，再让学生真正去理解高维的智慧，他只是假借这个二维的相，因为二维的投影与三维有着一一对应的关系，把知识作为发酵智慧的酵母。

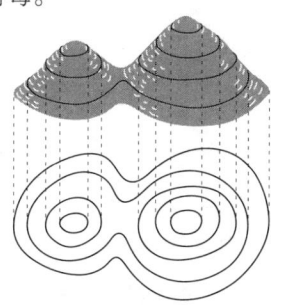

但是，这位学生也许还没来得及学会看这座山，他的老师

就离开了这个世界，而学生没有学会看山，他只学会了去读等高线。当他成为老师教学生看山的时候，就是这么教的：小圈是山顶，大圈是山脚，密的地方是陡坡，稀的地方是缓坡，这就是山。他可以拿不同的等高线，来跟他的学生讲这些都是山，他学富五斗，但是他所教的山已经不是真正意义上的山，只是山的二维描述，他的学生学会的只是纯粹的知识。所以在传道，授业，解惑里面，就只剩授业这样一个环节。而且，他授的还是业障的业，因为当他知道这个（等高线）就代表山的时候，他就不会真正地去探索真实的山到底是什么样了。这就是我们在传播知识、传承知识的时候，所呈现的局限。我们在三维实践的局限，造成了我们对整个宇宙认知的局限。

我们在三维宇宙空间最大的局限到底是什么呢？其实就是我们有限的三维认知。什么是三维世界里核心的认知障碍呢？爱因斯坦在《相对论》里告诉我们，当物体接近光速运动的时候时间变慢。这句话告诉了我们第四维另一个变量其实是时间，也就是当时间成为变量的时候，构成了我们的第四维空间。也就是说前三维只有长、宽、高三个变量，在时间是常量的这个世界里面，只有三个变量能够简单地描述我们的存在和空间位置；可是当时间成为变量的时候，我们每一个空间位置都无法被准确确定了，这个时候第四个变量就变得举足轻重。但当我们执着在三维认知的时候，也就是我们并没有把自己对

"时间是常量"的概念拓展开的时候,我们对宇宙认知的最大障碍,就成了"时间是常量"这个认知了。

我们对微观世界的理解就是因为时间分辨率不够,我们没有办法再细分时间的这个间隔。所以,在一个最小的时间间隔里面,我们看到的基本粒子的运动是测不准的,我们看到的电子是电子云。我们对宏观世界的理解是因为时间尺度不够了,因为一百光年以外的事情跟我们没有什么关系,也就是我们出生的时候发生的事,在我们死的时候还没有来。这就是我们有限的三维认知最大的障碍,就是时间相。《金刚经》里专门提到这个概念,就是"过去心不可得,现在心不可得,未来心不可得"。因为过去、未来、刚才、一会儿,全是时间相,全是我们有限的三维认知。那么什么样的状态才能让我们连接高维?只有当下。因为在当下这一刻,才是我们通达 N 维(N 趋于无穷大)的可能。佛经里面讲的寿者相,也是指的我们这个时间相,超越寿者相,超越时间相,才能真正达到高维。

但是,我们人类强悍地把自己限定在这个三维认知里面,使得我们产生了对生死理解上的误区,我们对死亡恐惧,我们对灵魂无知。这样三维空间实践的局限,也使得我们热衷于在三维空间不断地积累知识,不断地去争取三维的繁荣。那么这样对我们生命的真正意义到底有什么样的帮助呢?实际上,它恰恰是一种巨大的障碍。因为我们在一维空间用尽一生的时间都不可能把一维的信息全部抓到，原因是我们只专注在一维。当我们的意识专注在一维的时候，这个线外的任何一点我们都无法企及，所以一维的认知障碍了我们思维逻辑的拓展。到了二维平面的时候，我们虽然能够把一条线外的点包容进来，但是二维的整个空间，我们用其一生也不可能抓到它的全部信息，因为二维是向四面八方无限延展的。当我们的意识集中在二维平面的时候，面外的任何一点我们都无法企及。再来看三维。在三维空间我们创造了无穷无尽的知识、复杂的信息集合和我们现实中的物质的繁荣，所有的科学技术都是叠加的信息，叠加了我们一切存在的能量关系。当这些能量以三维的形式呈现的时候，它的那种所谓繁荣、所谓的繁衍，使得我们的三维空间变得无限的复杂。但是，这种复杂的状态恰好障碍了我们跟四维空间之间的连接。

那么我们为什么要往不同的更高的维度上去呢？这是一个很简单的概念，一维空间再美它都无法让我们展开，二维的一幅图画可以比一维的美感多无穷多倍，三维的立体空间可以让我们画中游，又比二维的一幅画美出无穷多倍。由此可以看出，每多一维我们将产生无穷多倍的美感，而所谓多一维就是多一个自由度。自由度的提升将使我们感受到一种自在。高维能量关系是低维的投影源，所以在更高自由度的生命状态中，我们对生命的驾驭能力会得到更大的拓展，所以提升意识能量的自由度是生命的唯一意义，是生命的根本意义。在这个大前提下，我们再看一维、二维和三维所获得的所有知识信息和所有的繁荣，都失去了我们原以为的那部分意义。因此，我们在三维实践里面明显地看到了它们的局限，如果我们执着这种局限的话，它就会障碍我们获得内在具足圆满的智慧。

迄今为止，在我们现实中呈现的所有的科学技术、所有的繁荣，其实与我们的高维智慧相比较都是非常有限的。为什么呢？因为平面里面有无穷多条线，立体里面有无穷多个面，四维空间里面有无穷多的三维，我们在三维里面创造再多的信息、再多的繁荣、再多复杂的技术，到了第四维，都变成了无穷分之一；到了第五维，它变成了无穷的平方分之一；到了N维（N趋于无穷大），变成了无穷的无穷次方分之一。所以跟整个宇宙相比，我们在三维空间所有的繁荣几乎可以被忽略不计，这就是我们执着三维局限所带来的对宇宙认知的巨大障碍。当我们了解这个概念的时候，再从另外一个角度去看，任何一个质点中都具足宇宙中的所有信息和它们的相互关系。这告诉我们，每一个人的内在其实是具足圆满的，具足了宇宙中的所有信息和它们的相互关系。其实每一个人和宇宙N维空间（N趋于无穷大）的智慧是高度契合、高度一致的，他的内在具足一切可能性。

但是，我们为什么活不出这样一种具足圆满的生命状态呢？都是因为我们自己的有限认知。我们在什么样的认知层次，就把我们限制在这个层次的生命状态里面。所以当我们执着于三维认知的时候，我们只能面对我们三维空间的生命状态。那种在现实中能够驾驭时空获得成功的人，都是因为他能够跟内在高维连接，而且能把它落实、践行在三维空间里，在我们传统文化里把他称之为内圣外王。

从这种论述里面我们不难了解，随着人类科学技术的发展，表面上我们在不断地丰富、不断地进步，但实际上这种进步在某种程度上障碍了很多人超越三维认知，形成了认知的障碍。如果你只是生活在一个有限的知识层次里面，如果你可以借有限的知识去唤醒你内在无限的智慧，把知识当成唤醒自己内在智慧、发酵内在智慧的酵母，那么每一个知识都可以启发你的智慧。结果如何关键就看你怎么去看这个知识，是从下往上看，把知识作为主宰，作为自己做事的准则；还是从上往下看，把知识作为可以驾驭并启发你智慧的工具。角度不同，对知识的理解会截然不同，前者将成为知识的奴隶，后者是驾驭而且能够随时创造知识的人。我们人类拥有无穷的创造力，因为内在具足圆满，所以没有理由成为知识的奴隶。而知识发展到今天，我们已经把大量的、可能有意义的知识全部整合到云端。也就是说，在云端我们可以获得任何在现实生活中我们能够捕捉到的知识，或者说有价值、有意义的知识。

当我们把机器人的性能做得比人类强悍数倍的时候，机器人和云端信息的连接对人类来说将是灾难性的。也就是说大部分人，如果不能够跳到知识的上面、跳到云端，他们将沦为机器人的宠物和奴隶。现在的西方科学家已经预言了这种现象的呈现。我们现在的云端技术所支持的机器人几乎已经达到了人类三岁的智力水平。这样推算下来，没有多少年，机器人将在知能（掌握知识的能力）上超越人类。

可喜的是我们人类已经进入了一个新的纪元，这个新的纪元是我们人类从三维认知主导转向高维认知主导的开始，也就是大部分人开始追求心灵的成长。所谓心灵的成长是高维认知的提升，这种高维认知绝对是超越云端的。这种能够超越云端的科学、未来的科学技术，我们把它叫宇端科技，宇就是宇宙，宇端就是 N 维（N 趋于无穷大）。人类通过自己的内在修炼，回归内在，绝对可以超越云端，所以他依然可以驾驭这个时空。如果我们只是停留在知识层面，停留在三维认知里面的话，那我们将被淘汰。因为三维世界已经向我们展示了它即将崩坏的所有现象。现在所呈现的天灾人祸，这一切都是在警示我们，要尽快从三维空间里跳脱出来，进入更高维度。

当我们能够建构起这样的认知的时候，我们就会消除对三维空间"成、住、坏、空"的恐惧。为什么？因为我们内在是高维，是具足圆满的。如果你不把自己的意识从三维的时空关系中提升起来的话,你就会充满恐惧,你在三维世界里所做的所有的商业、所有的事业,面对的所有的生命状态都会越来越糟糕。眼前的雾霾、商业、金融业,包括天灾人祸以及战争,都会成为我们自己生命的一种纠结。而当我们知道,我们迟早会从这种状态中走出来,而且走得越快越好的时候,这些东西都变成对我们的警示,让我们迅速地精进,提升我们自己内在智慧的维度,让我们真正能够超越和驾驭我们内在的局限。

二、人类文明发展的两大动力——追求永生与满足欲望

用我们中国人的历史来看的话,人类开始执着于三维的繁衍,执着于三维的发展,是从周朝前后开始的。周朝之前的理论、礼仪,实际上都在以人的觉悟为前提,也就是我们的"先天八卦"是以我们的时空易、以我们人类的觉悟作为目标的,人类把永生作为生命的意义。从《周易》开始,我们开始追求在三维空间物质能量的呈现的复杂性,把这种复杂性跟我们内在的意识能量进行完美的对接,这时候形成的意识能量和物质能量的和谐,构成了现实中的游戏规则,这就是"周礼"。孔子在春秋战国时期,发现人类的欲望、贪婪,人类对三维空间的执着,与周朝那个时期相比,我们越来越远离于我们觉悟的那个生命状态。而那个觉悟的生命状态的分水岭,就在"周礼"这个时候,所以他说人心不古了,他希望能够恢复周礼。

所谓恢复周礼,是恢复到人们可以觉悟的那个游戏规则中去。

所以人类的发展一直有纵横两部分:一部分是纵向提升,一部分是横向繁衍。《易经》的乾卦里专门讲道:"天行健,君子以自强不息。"这个"天行"指的是高维,向高维去的意识是"天行健"。"君子以自强不息",所谓"自强",只有进入高维才是更强大的能量关系,因为它进入了投影源。自己内在不断提升,自己明心见性,才是真正的自强。在坤卦里讲:"地势坤,君子以厚德载物。"这里讲的是意识能量和物质能量高度地和谐于当下呈现出的一种生命状态。而这种生命状态是承载我们"天行健,君子以自强不息"的一种生命状态。所以,这样纵横的生命状态是和谐存在的,它的核心是纵向提升。

我们老祖宗的所有经典里面,包括人类所有的经典里面,都存在着隐含的和显化的内在智慧这两部分。隐含的智慧是让我们觉悟的,是让我们修心的,是让我们内在提升的,是让我们内在精进的。而呈现是在现实的,是我们在现实中做好人、做好事,能够让生命活得自在、活得健康、活得有尊严。所以说,当我们能够从人类所有的文明、所有的智慧系统里面找到它的本质的时候,我们既能够在内在提升中享受提升的喜悦,又能让我们自在地生活在当下,因内在的提升而呈现出现实当下的圆满。这两个方向是同时存在的,而且它的本质是以内在提升为本,而不是以现实的满足为本。

所以，一个是投影源，一个是投影的像，投影源的提升会让投影的像具有更高境界的呈现，提升投影源才是本质，追求永生才是本质。在现实中与之矛盾的是什么呢？是我们人类的欲望，是我们人类对三维空间的执着，也就是我们人类试图以三维空间的复杂而实现我们生命所谓的喜悦、快乐和幸福。其实这是一个误区，因为它的驱动力是欲望。欲望的"欲"字是一个山谷的"谷"加一个亏欠的"欠"，这告诉我们欲望是永远亏欠的山谷，也就是我们在三维空间创造再多的繁荣都是没有止境的，最后它必然走入"成、住、坏、空"的一个能量循环关系。

我们看整个地球文明有过多少次毁灭，利莫里亚文明，亚特兰蒂斯文明，一个个都因地球的自愈而毁灭，这是为什么呢？这是很正常的三维空间能量关系的"成、住、坏、空"。所以，我们这一轮文明的毁灭是一种必然。而这一轮毁灭带给我们人类的是什么？是一种鞭策，是一种鼓励，鼓励我们尽快提升到更高的空间境界中去，实现我们人类共同的进化。如果没有看到这一点的话，我们会生活在一种恐惧、焦灼和在现实中的那种痛苦的生命状态里面，那就是所谓的"地狱"。

我们的传统文化告诉我们一个非常重要的概念，叫道法自然。"自然"这两个字是跟道全然融合的。自然的反义词是什么？就是人为。这个世界上所有的人为都是不自然的。"人为"两个字拼在一起就是"伪",就是假。三维空间的所有的相,不管你做得多复杂,它都不过是投影。如果我们执着在投影中,我们很难跟投影源产生真正的关联。所以,随着每一项新的科学技术的发明,其实上天和整个宇宙能量都会给我们一次警示,它在提醒我们人类,发展科学技术从某种意义上来说是违道的。如果我们能够从这个角度去理解,去真正地考虑科学发展方向是发展技术,还是发展对宇宙空间全然的理解、全然的领悟,这恐怕才是我们人类发展科学文明的主导方向。

什么叫文化?文化是能量在三维空间的显化。什么叫文明?文明是我们空间显化的境界,也就是"大学之道,在明明德"。这个"明"实际指的是境界,文化中的"文"实际上指的是认知,也就是我们意识能量的一个纠缠,一个纠结,这种"文"投影到现实就是文化。在三维空间这种文化呈现,是我们人类文化的一个整合。那么进入更高维度的话,实际体现的就是不同的文明境界。我们人类误以为在三维的繁荣程度是文明,这实际是对文明的一种误解。而我们中华传统文化已经告诉我们"大学之道,在明明德","明德"是道,"明明德"是不断提升维度,而趋近于这个道。所以文明本身不在于三维空间的繁荣,而是纵向高维空间所在的境界。

所以,人类科学文明应该纵向发展,而不是横向上继续变得更加的复杂,这就是我们说的宇端科技。实际我们现在的互联网技术已经撕开了三维和高维的界限。互联网的发展是基于我们电脑的运算速度,运算速度超越了我们在三维空间的有限时空认知,它可以在电脑里实现我们在现实生活中实现不了的这种演化的实相。这种实践活动实际上已经突破了我们人类的三维认知,但是还远远不够,因为它只在时间的速度上和压缩上起到了一定作用,在维度上的突破还远远不够。现在的科学家们建构的大部分思维,往往是以三维为基础,从下往上去寻找真理,这种方法永远会有局限。而东方智慧恰好不是这样。东方智慧是以天人合一的宇宙观建构整个宇宙体系,让我们从上往下看宇宙的真相,这个时候建立的科学、建立的文明才是人类真正未来的文明。这里面的科学才是真正的科学,才是既包容了所有三维信息、所有科学原理,同时又能把我们的科学思想拓展到无限的空间,而又把我们的意识包容进无限空间的终极文明。

三、科学的升华与超越——整体宇宙观与宇宙全息律

整体宇宙观通俗地说,就是天人合一的宇宙观。只有在天人合一的宇宙观下,我们才能真正了解宇宙的真相,了解宇宙中发生的一切事物都跟我们内在相关联这个事实,才能产生真正本质的认知。

在我们现实的三维世界里,大多数人注重的是以三维认知

从下往上理解这个世界。特别是在近代，我们的商业文明使得我们过度注重于事物的价值观，把所有的东西都标价，我们被商业意识完全束缚。当商业意识拓展到人生的提升，若我们依然以商业意识去对待它，我们就会用标价定义这个人多少身家，那个人多少身家。如果我们以商业价值观去评判和衡量世界观的时候，我们想到的是经济发展指数，想到的是GDP。到了宇宙这个境界的时候，我们就无法对其进行标价了，因为我们无法去标一颗星星多少钱，银河星系多少钱，河外星系多少钱，那跟我们已经完全没有关联了。但是，天人合一的宇宙观是把建构宇宙观作为本体，从整体宇宙观来界定我们的世界观，从世界观来界定人生观，从人生观来界定价值观，这是一种真正合理的宇宙能量关系。它是由投影源来决定投影的像，而不是从像往上找投影源。只有建立了这样整体的宇宙观，我们才能发现生命的真正意义，我们才能真正活出生命的意义，活出生命的自在，活出生命的圆满、喜悦和生命无穷的创造力。在这个大前提下的生命才真正展示了它的辉煌、它的价值和意义。

我们再来看宇宙全息律。当我们把宇宙看作一个整体的时候，我们看到在宇宙中的任一质点，它包含了宇宙中的所有智慧、所有信息和它们的相互关系，这就叫宇宙全息律。这就告诉了我们整个宇宙其大无外、其小无内的原理。我们在宇宙的任何地方都能寻找到真理，在任何一个质点里面都能跟整个宇宙融合，这种天人合一的宇宙观和无时不在，无处不有的道完整地结合，才构成一个完整的生命主体。在这样的生命主体里面，我们和宇宙是真正合一的。而我们所呈现的一切现实，不过是这些宇宙能量在我们现实中，因我们自己内在的执着而产生的纠结。这些纠结投影出来的像就构成了一维到 N-1 维的整个宇宙空间的所有呈现。佛家智慧能够比较全然地、完整地表达这种呈现，特别是在《楞严经》里面，它把整个宇宙进行了非常详尽的表达和分类。它讲述了我们人之所以为人，自然之所以存在和我们人的意识之所以演化成如此复杂的现实的来龙去脉。

所以，用能量的概念去和谐地对应，能够产生高度的对应关系，这就是对我们人类科学的升华和超越。它能够把人类所有的智慧融合在一起，而它们之间并不矛盾，而且在不同的人群中能够启发不同的人自身内在的智慧。也就是说开启人们本自具足的智慧，不是让他们迷信任何一个所谓的门派，任何一个所谓的大师，任何一个所谓的有限的说法，而是让他们都真正回到内在具足圆满的生命状态里面。这个时候所有的外在的大师、门派、学说、智慧，都是我们内在成长的助缘，是我们内在生命圆满的助缘，而这个生命内在真正的圆满对所有人来讲，最终都是合一的。也就是这个宇宙实际是完整的一体的，只是因为每个不同认知的障碍，使我们分解为每个不同的个体。

宇端科技实际上就是启发我们，人类最终会走向合一的境界，会指向圆满。而这个所谓的最后指向圆满，它所起到的作用，其实就是当下与自己的内在连接。这个连接的状态充满喜悦、快乐、自在和创造力。所以，所有的智慧其实最终归于当下，当下的自在、喜悦、快乐，是我们生命呈现的真正意义。

这一讲主要告诉我们人类科学发展的过去、现在和未来，最终的未来实际上是真正与宇宙整体合一，跟我们所有宗教指向的那个状态是全然一致的。所以，科学与宗教一点都不矛盾，科学的发展将使我们人类真正走向觉悟，只是这个科学并不是执着在三维空间的有限科学，而是通达到 N 维（N 趋于无穷大）的这种科学逻辑，使得我们能够在现实的当下去理解所有人类智慧系统之间的关联。

自己内在不断提升，自己明心见性，才是真正的自强。

生态智慧系统——纵横生态系统与人类的可持续性生存与发展

第十讲

一、东方智慧诠释的生态——纵向生态链

谈到"生态"这个词的时候,很多人第一时间想到的是环境,想到我们周围所面对的所谓的生态环境。实际上"生态"是指生命的一种状态。当从整个宇宙体系的系统视角去看"生态"的时候,当把"生态"和整个中华传统文化结合起来的时候,我们不难发现一条纵向生态链,其包含了宇宙生态、自然生态、能源生态、社会生态和人文生态。宇宙生态是在三维空间以上的,它是与我们的人心连在一起的。

很多年前,当我们在做环保的时候(我本人在做太阳能),我发现如果我们把繁荣经济和环保共同提出来,环保往往会成为繁荣经济的借口,而实际它很难真正起作用。也就是这么多年来我们一直谈环保,但结果却是环境不断地、反复地被破坏的原因。所以我们提出了一个特别简单的概念叫心灵环保。所谓心灵环保,指的就是宇宙生态,也就是我们讲到的"多元文化的系统集成"里,从四维到 N-1 维实际反应的是我们内在的所有认知信息存在的集结,佛家管它叫阿赖耶识。这些信息投影出我们不同层次的生命状态,这个是存在于我们每个人内在的,同时在 N 维(N 趋于无穷大)的描述里面它又是存在于整个宇宙空间的,所以我们把它称之为宇宙生态。

宇宙生态呈现、投影到我们三维空间时,就是我们所谓的自然界。自然界在三维空间的一切呈现,是因为能量相对平衡

产生干涉，才能让我们看到宇宙信息的呈现。这种呈现构成了我们所见到的万事万物，它包括了自然的、健康的能量平衡，同时还有扭曲的、不健康的、负向的能量形成的不同形式的能量平衡，也就是我们见到的所谓疾病、灾难等。所以，自然生态是和我们所说的环境紧密相连的。

同样在自然生态中，我们还关注另外一个东西，叫能源生态。也就是说，在我们人类整个发展过程中，我们不断地需要地球的资源来滋养我们的生命，而地球的资源给我们最大的、最重要的生命支撑就是能量，也就是我们地球的能源。追其究竟地球的能源其实是来自于太阳，太阳可以转化成我们现在地球的各种能源。所以，能源生态直接反映了我们人类对整个地球资源的合理使用。如果能源生态被破坏的话，那我们赖以生存的地球资源将失去平衡，这种失衡，将会以另外一种形式呈现出来，成为自然界的各种灾难。

能源生态下一层叫作社会生态，社会生态体现的是我们人类社会活动之间的能量和谐关系。当我们研究自然生态、能源生态的时候，我们是不是也能同时考虑到社会生态对整个宇宙生态和我们人类生存的影响呢？举一个非常简单的例子。当我们努力地做自然生态修复工作的时候，我们可能会采取一些措施，比如说封山育林，把整个山区封闭起来，将里面原本居住的山民请出来，给予相应的补贴，而进行自然生态的修补。但我们可能忽视了一个重要的概念，就是这些山民祖祖辈辈生活在山区，生活在树林里面，他们生活的方式、他们赖以生存的条件与森林有着密切的关联。当把他们从森林里面搬出来以后，虽然他们拿到了一定的补偿，但是他们没有在山区之外生存的能力，当他们的钱用光以后，便有可能沦为政策性贫困。这种政策性贫困会成为我们社会生态动荡、失去平衡的一种因素。所以我们在真正研究自然生态的时候，如果不能同步考虑到社会生态平衡的话，那我们整个生态能量体系也将被破坏。

我们再来看人文生态。人类在现实中的所有文化、彼此之间的交流、各种文化之间的碰撞，实际上也是一种重要的生态能量关系。人类在几千年来形成了不同的文化，根据不同地域、族群有不同的分布。随着人类信息的不断拓展、人类的迁移和行动范围的不断扩大，不同文化之间相互碰撞和交集产生了很多的摩擦和冲突。如果这些文化的背后是一些相互独立、彼此不能容纳的冲突，也会给我们人类整体的能量平衡带来巨大的灾难，人类迄今为止就发生过很多文化上的冲突。所以文化生态在我们整个宇宙生命中，或宇宙能量关系中，是不可忽视的。

前面说的五种生态实际形成了一个纵向生态链，也就是告诉我们整个宇宙能量是一体的。这个一体的能量关系中的任何一个环节失去平衡都会影响全部。我们发现原来生态是道，无时不在，无处不有，生态文明就是德。《大学》这本书开篇讲道："大学之道，在明明德。""明德"是道，"明明德"中第一个"明"，就是不断提升维度，不断提升维度的这个"明"，指的就是我们的"文明"。什么是"文明"？它是指我们人类意识的境界，呈现的境界，所以生态文明直接表达的就是德。在《道德经》里讲"失道而后德"，也就是说离开 N 维宇宙智慧（N 趋于无穷大）的境界，从 N-1 维往下全是德。所以生态文明，实际指的就是德。

那么什么是生态责任呢？责任是每个人需要担当的部分，在常规情况下，用不同的法律、戒律呈现一种责任的约束。生态责任实际上就是天律。大部分人想到"律"的时候，想到的是约束，但生态责任却是个体和组织对所有生命、所有存在、整个自然的爱的承诺与担当。整体地看生态概念与单单从环境的角度看是不一样的。在这种生态概念中构建的天人合一的宇宙观，是全息的——它包容了宇宙中的所有信息和它们之间的相互关系，而这种和谐是宇宙整体能量的和谐，它既反映了整体意识能量的和谐，也反映了意识能量和物质能量的和谐。它是我们人类生命真正健康的一种能量状态。

这样我们就了解了生态所具有的丰富内涵，也就了解了生态不仅仅是环境问题，还包括了社会，包括了人文，包括了人心，所以习近平主席提到了"四观"。

其中第一项是"天人合一的宇宙观"。天人合一就是我们人的内在智慧和宇宙智慧全然地一体,就是无穷大比无穷大。无穷大比无穷大,等于一或任意数。也就是当我们内在的智慧已经拓展到 N 维宇宙(N 趋于无穷大),跟整个 N 维宇宙(N 趋于无穷大)融为一体的时候,这个公式才能成立,才能被称为无穷大比无穷大等于一或任意数。这个"一"才是真正的天人合一。而这个任意数,被称为"遍周天法界,无时不在,无处不有",也就是道无处不在,无时不有;也就是神无时不在,无处不有。所以从这个角度来看,"天人合一的宇宙观"才是最完整的宇宙实相。

在这个之下又提出"协和万邦的国际观"。"万邦",是指所有的国家,也包括了我们地球上所有存在的地貌、地形及所有的资源。所以,"协和万邦"真正能够让我们在三维空间的存在和谐。"协和万邦的国际观"代表了我们在三维空间能量的一种平衡关系。

而随后提出的"和而不同的社会观"则把我们人类不同的意识形态、不同的存在进行了一种全然的和谐、共振,并存在于现实。

最后提出的"人心和善的道德观",则回归了 N 维宇宙(N 趋于无穷大),跟"天人合一的宇宙观"高度契合。因为道就是 N 维(N 趋于无穷大),所以说道德观就是宇宙观,道德就是整个宇宙各个能量层次的描述,这是中国传统文化之根。可以说中国文化本身就是道德文化,是整体宇宙文化,是全息宇宙文化。

在现在这个时空,从这个角度来理解,我们的国家领导人提出来的是一套非常科学而完整的理论体系。如果我们真能理解这一点的话,就不难理解纵向生态系统包含了整个宇宙的能量关系。

二、人类生存发展的宏观阶段——原始共生、野蛮竞生、文明竞生、和谐共生

我们再看横向的能量发展、事物发展、人类发展的历程。这个世界出现了生物、出现了人以后,人类经历了几个非常明显的阶段。

第一个阶段是原始共生阶段。在那个时候,人类对地球资源的占用是极其有限的,地球丰富的资源足够让人类在这个环境中自然地生存。同时,人类也以一种符合当时整个地球、整体生态链的存在方式,合理地存在于地球环境之中,人和人是一种自然而和谐的生命状态。

随着人类欲望的膨胀,人类开始希望占有更多的资源,享有更多的权利,这个时候就进入了第二个阶段——野蛮竞生阶段。在这个阶段人类所呈现的状态是弱肉强食,强权因船坚炮

利而获得自己所需要的所谓的控制和资源。在这个大前提之下，人类经历了灾难深重的发展过程，就是连绵不断的战争、杀戮、掠夺，产生各种各样的仇恨。

两次世界大战发生以后，主流人群开始清醒过来，发现如此发展下去，人类将会与地球提前同归于尽，特别是人类根本经不起下一波"核战争"的摧残。在此大前提下，人类开始发展经济活动。主要的经济活动产生于近代，经济活动的发展是等于将过去对资源的掠夺和分配转换成一种文明的形式，所以人类进入到了第三个阶段——文明竞生阶段。文明竞生以发展商业、发展金融等经济作为依托，通过这些活动实现了资源的分配、财富拥有的分配。但是我们人类忽视了一个最重要的因素，就是文明竞生的本质是人类合伙高效率地掠夺地球。我们忽视了人类的发展和地球之间居然出现了如此明显的矛盾：很多地方的土地不能用了，水被污染了……近些年空气也被污染了，我们已经无处躲藏了。

在发展经济的过程中，为了繁荣经济，人类用尽自己的聪明和所谓的才智，并以推动经济的发展作为人类文明的一种标志，其实这是一个严重的误区。因为从整个宇宙能量和谐来讲，真正自然的能量关系才是真正健康而持久的，所以说"道法自然"。那么"自然"一词的反义词，就是"人为"。"人"与"为"拼在一起，就是"伪"，伪就是假。什么意思呢？就是我们把三维投影的这个像做得再丰盛、再复杂，其实也没有意义。它真正的意义，是障碍我们和更高维度的能量的连接。所以，所有的科学发明，所有人类在科学技术上的进步，都同步会带来相应的灾难。我们的老祖宗就把发展这些技术叫"奇技淫巧"。老祖宗从超时空的高维看到了人类的未来会死于自己科学技术的发展。

我们没有理解到这一层的时候，就无法意识到人类文明竟生的背后是怎样的一种饮鸩止渴式的生存状态！无休止的发展，使我们透支了子孙后代本应享受的现实世界的资源。我们在发展的过程中，为了推动经济的繁荣，为了让更多的人更好地做生意，就推出了各种各样的生意方式，比如"双十一"。这种刺激消费的结果，造成了大面积的盲目消费。为了保证这些产品的质量，商家只有通过大批量生产来获得有限的利润空间，而如此盲目地消费，用简单的比喻来讲几乎就是直接将资源变为垃圾。因为很多人随机性买回去的东西，其实根本就不用或使用率很低。盲目消费带来的后果是地球资源的加速透支，这就是一味发展经济给我们带来的明显后果。

前几年我参加了一次东亚环境峰会的讨论。一上场，我就要与两位日本人和两位韩国人做了一场对话。我一见两位韩国人坐在上面，突然想起了一个笑话，就是儿时孩子们学韩国人说话："前轱辘转，后轱辘不转，后轱辘追不上前轱辘。"当时我脑子里立刻浮现了一个关于"车的前轱辘和后轱辘的场景"：前轱辘在前面转，后轱辘不转——即使后轱辘转，它也永远追不上前轱辘。当我们把发展作为前轱辘，而把环保和责任作为后轱辘的时候，便永远无法弥补一味追求物质发展带来的环境透支。这就是近二三十年来我们拼命地说环保，但由于是物质发展在引领着整个人类的步伐，所以我们永远是破坏在先的原因。到了当下这个时空，一定要转变思想，要把责任变成前轱辘，也就是在责任引领下的发展，在责任模式引领下的商业模式才能使我们人类可持续生存。大家注意，我这里已经不提"可持续发展"了，因为我们所面对的是生存的危机。

我们人类能够进入的第四个阶段，应该叫和谐共生阶段。和谐共生，不仅仅是指我们人和人之间的和谐，族群和族群之间的和谐，国家和国家之间的和谐，而且是我们人类和所有众生的和谐，和整个自然环境的和谐。这种和谐才是完整的、全息的、自然的和谐，是意识能量和物质能量真正高度和谐的一种存在，这种存在才是我们人类共同期许的未来。

三、生态智慧的本质——意识能量与物质能量的高度和谐

意识能量和物质能量的高度和谐符合我们对共产主义的一个定义，就是物质的丰富和人的思想觉悟的提高。而在西方近

代，也提出了觉悟资本主义：物质极大丰富，而人的思想意识也有极大提升。所以觉悟资本主义跟共产主义所选择的方向是一致的。而佛家讲的弥勒净土，又称之为"人间佛国"，也就是意识能量和物质能量高度和谐于当下，和谐于我们的现实。

生态智慧的本质是指意识能量和物质能量高度和谐于当下，这实际上是我们每一个人所面临的挑战。我们每一个人的内在是否真正和谐，印证出了现实中我们看到的这个世界的样子，所以说"相由心生"。所有的现实呈现，实际都是我们自己内在的投影，当我们自己的内在能够全然和谐时候，看到的整个世界就是和谐美好的。但是在现在，在这个当下，我们是否能够透过我们这种描述而看到另一种本质？这另外一种本质是指三维空间存在的一切都会符合"成、住、坏、空"的整个过程。为什么？因为整个宇宙能量的运动，使得所有的相，所有的自然呈现，都有一个"成、住、坏、空"的过程。此处是指三维空间，也就是说当时间为常量的时候，所有的干涉最初都是一种干涉弱相的存在，当干涉到最强的时候，图像非常分明，然后图像会逐渐变得模糊，最后消失。

其实我们物质世界的一切，都符合这样"成、住、坏、空"的过程，也就是我们现在看到的三维空间的一切，必然会走向所谓的坏、空。至于如何坏、空，则是以多种形式呈现的。在现实中我们的自然环境越来越恶劣，甚至我们的社会环境、国际环境也越来越复杂，天灾人祸的不断发生，我们现在讨论环保、讨论生态，意义何在呢？它的意义其实非常简单，就是在为我们准备好提升意识能量自由度、产生意识飞跃以及人类整体的能量进化赢得更多的时间，也就是在为我们自己进入高维意识空间赢得更多的时间。但是我们要知道，三维世界的崩塌是必然的，你要考虑的是你是否能够抓紧有限的每一分每一秒，在每个当下提升你自己的内在，去超越你的有限认知——特别是超越有限的三维认知，逐步地超越对物质世界的执着，从以商业模式引领的社会行为、经济行为中走向以责任模式引领的纵向能量关系。只有真正把自己的生命交付于高维能量的循环，这种纵向循环的能量才能真正把我们内在的能量带到更高的空间层次。而如果我们执着在三维的游戏里面，终将在"成、住、坏、空"的能量关系中湮灭，这种执着会使我们体会那种生不如死的生命状态，那种恐惧、纠结的生命状态。

这一讲讲到了生态智慧，包括了环境，包括了我们整个宇宙，也包括了我们人内在的宇宙空间，同时包括了我们的社会、现实，这一切形成了完整的全息宇宙，其实也就是一个全息生态观。有了这种全息生态观，我们对人类的未来会充满信心。

当你喜悦地接纳所有一切的时候，你就知道，每个人的通道都是可以通到最高境界；当你真诚地去看这个世界美好的东西的时候，这个世界就是美好的。

第二部分 多元文化系统集成与交响案例

第一篇 音声法门[1]

一、音声法门是什么

黄敏男：现在的科学研究已经证明了物质的结合与分离是源自如声音般无形的能量波。声音本身具有能量，它可以对物质产生影响。音波是一种机械波，我们身体就是一个发声器，所谓的音声法门，其实很简单，只要尝试着唱，我们就能体会而受益。

刘丰：黄老师从一开始就讲到了声波对物质的作用。其实我们整个宇宙存在的一切物质，都是由能量波组成的。如果我们借用科学的语境来描述的话，所有的物质分解到最后只有三个元素：中子、正电子和负电子，这三个元素被现代科学称之为基本粒子。所有的基本粒子具有两种属性：粒子性和波动性，又叫作量子属性。粒子性是波动相干成的像，成的驻波。而声波是能量波的一种。还有一种我们熟悉的能量波叫光波。在近代物理里，声波和光波是可以互相转换的。有一种介质叫铌酸锂就可以实现声光转换。声音能量可以转化成光的能量，光的能量也可以转化成声音的能量。而这种转换在更高的一个空间里边，是可以在我们的意识中转换的。所以说声波和光波，都是可以通达高维空间的。

在高维空间实现转换的时候，实际上是在我们的意识中呈现的，所以当有些人听到一首美妙的乐曲的时候，他的意识中会出现色彩，会出现图形，会出现能量的涌动，这就是声光转换效应。所有的能量波在我们三维空间里面集结成了我们看到的一切物质，而进入高维空间的同时也全部进入我们的意识。因为低维是高维空间能量的投影，我们在这个世界里面看到的所有东西，都是我们内在高维能量在三维空间投影所成的像，而声波也是可以从三维一直通达到高维。声波和光波这两个能量，交织构成了我们的宇宙。所谓音声法门是什么？是借助声音通达高维空间的工具。而来自高维空间的声音，对于我们现实中的人来讲叫天籁之音，它是由内在高维而呈现的。

二、宇宙元音——唵阿吽

黄敏男：宇宙充满了音频，音频是一种能量的形式，通过持诵咒语可以快速体验到生命内在的状态，能帮助我们静心，也是一个提升身心灵的方便法门。

所有的咒语都源自"唵、阿、吽"，所以称为根本咒。这三个咒音及含义对我们肉体生命和灵性能快速产生作用。

首先，念诵咒语时，身体要放松，不一定要打坐，不要用力挺直地坐，很轻松，身体与脊椎就像大衣挂在衣架上的状态，脊椎是直的，身体是软的，不要刻意用力。如果肌肉紧绷，气脉就不通，放松下来，自然通畅。这是一件放松的事情，所以我们发音时也要维持这样的状态。

嗡（ong）：是一个头顶音，发音时，你会感觉到头顶有一种向上上升的频率，尾音要靠嘴闭起来往头顶上升。水管如果有破洞，水就上不去，嘴巴闭起来就容易产生头顶音。这个咒音代表着宇宙原始生命能量的声音，发"嗡"音时，我们就跟宇宙所有的生命体产生了连接。

我们从出生就开始不断透过对外在物质世界的认知去建构以自我为中心的信念系统。事实是，我们所有人的生命都是有关联的，整个宇宙的生命能量无时无刻不在与你产生作用。"嗡"所象征的含义就是一个生命的共同体，还有我们个体的生命跟生命来源处（宇宙）是合一的。从佛教的角度来说，"嗡"的含义就是融入空性；空不是虚无，空是不断在增加又消失，无限多的有、无限多的灭到有的状态。念"嗡"时，我们去意念、观想到生命与宇宙的关联性时，就会比较容易领悟到什么是空。

阿（a）：孩子在妈妈肚子里时没有呼吸，靠妈妈血液中带氧来提供循环。当我们脱离母体后，医生会拍拍婴儿的身体，然后孩子"啊"的一声哭了，随后就通气了。灵体从宇宙能量场来到物质世界的地球，找到物质肉体的妈妈，在妈妈的肚子里得到滋养，母子之间通过灵来进行沟通。

生命的肉体在地球要呼吸，要接地气，"阿"代表的就是生命开始的声音。人生病时五脏六腑会有脉结，气脉不通就会难受，难受就会生病。"阿"是开口音，发"阿"的音能帮助我们打通、振开脉结。很多人习惯用喉音，把气挤压在喉部，胸腔没有共鸣，如此说话容易累。运用胸腔的气上至喉部，把手掌放在胸腔，会有振动的感觉就是正确的发音。当你熟悉了这样的发音，胸腔是气足饱满的，会有力量，这样的人声音会好听，也能提升他言辞的可信度。

吽（hong）：大家都知道我们生存的地球有地心引力，"吽"就是大地所潜藏能量的声音。停在路边的卡车，当引擎发动时，震动很大，就会发出"吽、吽、吽"的声音，这是与大地产生共鸣的作用，如果把卡车吊在空中就会发现"嘎啦嘎啦"的声音。所以"吽"代表我们与地球的关联处，代表大地潜藏能量的声音。

"吽"也是开口音，发"吽"音时就是把我们的气往下到丹田，再上升至喉部，就像球打到地下弹上来一样，可以将手掌放在丹田的位置，感觉到丹田有振动就是正确的发音。

我们平时经常练习"嗡、阿、吽"，练熟了，身、口、意就净化了,我们的起心动念、话语、行为就自在了。所以持诵咒语对我们的身、心、灵都会有非常显著的提升。

刘丰: 黄老师讲到"嗡阿吽",恰好"嗡"是跟高维连接,"阿"是三维和高维的临界态,"吽"是三维能量状态。它代表了天、人和地。高维是我们意识能量连接的地方,所以刚才黄老师讲到的这些实际上是在我们科学理论体系里边是相当完整的,而且是可以在我们自己身上践行的。我们在唱诵"唵嘛呢呗咪吽"的时候,有一种跟自己内在连接的能量关系,我们以为那是来自外部的,其实不是,它一定是跟我们内在的高维连接的。所有的咒语其实都是高维能量呈现或者说投影到三维空间。当我们念咒语的时候就是跟高维能量进行调频,跟高维能量产生共振,这就是持咒的作用。

三、咒语

1. 智慧——文殊心咒

黄敏男: 我们讲到智慧,佛教中有一个文殊菩萨的咒语"嗡阿喇巴扎那谛",代表的就是智慧。这个咒语中的"谛"是文殊菩萨的种子字。

"谛"的发音不是中文的"地"的发音,它是一个开口音,用嘴巴压扁张开,舌尖往上顶一下发音。这个咒语有一种修持的方式就是念到"谛"时连续发种子字的音一直到没气了为止。这有点像瑜伽打坐的过程中那种制感。什么叫制感？因为专注连续念"谛"时如同暂时停止呼吸，容易收摄念头。这些念头一中止，杂念消失了，有助于我们感受到那一刹那的定。大家可以试试这样的念法。

智慧有世间智慧与本自具足的智慧，掌管我们生命与灵性中枢的松果体，大约就在眉心的位置，松果体钙化象征身心的退化。以我个人持咒的体验，正确的嘴型与发声念"谛"时，由于舌与眉心距离近，仿佛也有刺激松果体的作用，这点虽然没有科学证据，但至少没有坏处。

刘丰：讲到"智慧"这个词，我们用科学把"智"描述成高维信息和它们的相互关系，而智慧是在不同维度上这些信息的呈现。我想借这个机会，跟大家分享一个词叫"般若"。我们为什么不把般若叫大智慧呢？其实我们三维空间的一切信息到第四维来看就是知识，而四维的信息对三维而言就是智慧，到五维就是大智慧，六维就是大大智慧。到七维是大大大智慧，到八维是大大大大智慧。那到N维（N趋于无穷大）这个大就说不完了，所以干脆叫般若。般若是N维宇宙空间（N趋于无穷大）的宇宙智慧。只是那个时候没有数学的描述，没有那么方便。所以刚才我们讲到了智慧，实际是高维信息和它们的相互关系。

2. 忏悔——百字明咒

黄敏男： 佛教里面有忏悔的法门，意在消除业障。什么是业障？业障就是成就事情的障碍，有些道理不容易了解也是一种业障。前世或上一次做过的事形成了业力，而你浑然不知和以前一样又做叫造业。不断地造业而没有觉知就是无明，因为无明而无意识地、持续地造业就形成了业障，烦恼痛苦就是这么来的。

"忏悔"这个词经常造成许多人的负罪感。现在很多学佛的人，越善良越完美主义的人越是习惯地背负着、放不下过去，放不过自己反而形成一种挂碍，事实上这也是一种业障。我喜欢一个词叫"惭愧心"。佛陀很强调惭愧心，惭就是对不起自己，愧就是对不起别人，我们当下可以惭与愧，这比较容易培养出我们的觉知力，觉知是当下破除业障的力量。这也是我们刚刚提到的因缘法，为什么说圣人不会有业，因为他一觉知到他的起心动念，当下就停止了，他不让这个因缘去产生关联，所以业力也就没有办法形成。

我们的觉知不应该放在我们曾经犯过什么错上，而是当下去破除。而百字明咒具有净化与破除的力量。

刘丰： 我换一个角度来解释一下忏悔。很多人认为忏悔就是自我否定，就是承认错误。其实这是一个很表象的解释。因为对和错、是和非都在同一个空间层次上，你坚持对的时候，其实你的维度根本没有提升，这就是有可能我们说的着善、着功德相等。实际上我们每个人内在是本自具足的，我们不需要自我否定，我们只需要觉察自己的哪一种认知让我们面对现在这个相。其实有时候我错的只是一个交代，这种交代并没有去觉察，它并没有觉察错的原因。有时候我们用对错来评判一件事，而没有想是哪一个认知让我面对这件事情，找到它，然后去颠覆这个认知。因为认知就是业，我们的内在认知在现代物理里面叫量子纠缠。我们会对这个认知产生执着，而当我们把这个认知颠覆的时候，这个业就消了，《六祖坛经》管它叫对法。它是个正弦能量特征的话，我就用反正弦能量特征的一个认知把它给颠覆，这就是灭度。这样的方式能够让我们真正主动地有效地面对自己的认知和自己的业。所以忏悔是一个觉察然后反求诸己、颠覆认知的过程。它不只是一句简单的我错了、我认错、我愿意接受惩罚，等等，这些解决不了所谓消业的问题。相反我们如果背了很多"我错了"这样的包袱的时候，我们就忽视了一个更重要的有意义的东西就是我本自具足。实际上每一次的转化，每一次的突破都会带来一个非常重要的感受，叫喜悦。当你真正超越了那个认知障碍的时候，你产生的喜悦就叫法喜。而法喜只存在于当下。

3. 财富——财神咒

黄敏男： 原动力第一张专辑做的就是《财神咒》。佛教诠释财神与世俗中认为的拜财神求财富不一样，佛教中的财神修的是心里的一种富足感。

世界上有很多富有的人，但他们心里都不满足，有时候想想，我们比别人富有但我们也还是不满足。一个人心里的富足、满足感是一种福报的象征。一个人有福报，心性就比较稳定，做事情就会专注，事业比较容易成功，会得到很多正财。正财是会自己来的，不用去求。所以，修财神就是在修内心的富足感。

我们的生命本质是超越时空、超越物质限制的。财神在佛法里是一种"增广"的法。当我们用"增广"的认知来看所做的事业，我们做利益众生的事业，自然而然就是丰厚的，它的丰厚不一定是回馈在物质层面，主要在我们内心的富足及善缘。当你内心的富足感越大，你唾手可得的东西越多，这实际上是心里养成的富足感所带来的。

刘丰： 财富是能量，而我们能够看到的有形财富是我们自己能量投影在这个空间的一种表达。什么是福报？什么是福德？所谓福报是我们呈现在现实中的这种财富的像，而福德是指向我们内在的。德是自由度，当我们内在的心量足够广大的时候，也就有足够的福德，而我们的福德转化成现实的一种呈现就叫福报。三维福德到了第四维时，当这种自由度提高一维的时候，这种福德将扩大无穷多倍，所以这叫功德，纵向提升的自由度叫功德，其实我们每一个人具足圆满，圆满到 N 维宇宙智慧（N 趋于无穷大），所以我们每个人内在什么都不缺。这就是黄老师讲的彻底圆满的富足感。如果你真的相信你本自具足的时候，你面对财富的心态是完全不一样的。一般人认为财富是挣来的，拼命地透支有限的生命能量去换取财富。而真正明白的人，真正觉悟的人，了知财富本质的人会明白我就是财富，我在哪儿财富就在哪儿，所以这才是驾驭财富的根本，这也就是刚才黄老师说到的真正彻底的富足。《道德经》里讲到知足的时候说到知足有三个境界：第一个境界是不知足、匮乏，认为我们需要从外面拿到东西来满足自己。第二个境界是觉得够了，我不需要更多的财富，这是一般人理解的知足感。第三个境界是知道自己本自具足，这才是真正的知足。当你知道自己本自具足的时候你只剩下付出了。所以大家知道在付出时候的喜悦和你在拿到东西时候的喜悦是没法比的。那种证明你本自具足而产生的动力会让你的生命无限地绽放。

---

[1] 本篇为刘丰和原动力文化黄敏男的对话节选。

第二篇　老年人心灵关怀[1]

一、生命、死亡以及临终关怀的本质

在三维空间里面，我们所理解的生命是从生到死的过程，一切事物有开始有结束，有它整个过程的"成、住、坏、空"。科学的逻辑来讲，实际上我们的生命是一个在整个宇宙空间的投影关系。根据宇宙空间的投影关系，低维事物是高维的投影，高维是低维的投影源。我们生命的来龙去脉，一定是从高维投影到三维空间的，所以这叫生命的本质。而这种投影关系的最高境界是在 N 维（N 趋于无穷大），那才是生命的本质。也就是说这种宇宙空间的一切存在，它都来自于 N 维宇宙空间（N 趋于无穷大）。而这个所谓的 N 趋于无穷大，就是一种彻底的、不执着在任何的一种能量状态的本质状态，那一切的原因、一切的生命呈现都是因为起念，而产生第一个能量波，这在道家叫太极。

当我们的生命贴近最后一刻的时候，很多人在病痛中挣扎，沉浸在对生命的绝望中，对死亡感到痛苦和无奈。那么在这个时候，我们的生命能量是一种负向能量，也就是向一个低维度能量状态去的。在这种状态之下如何能够让生命转化，让生命摆脱这种低维能量的认知状态，将能量调整向一个平静，甚至向更高的能量境界的这种趋势，这是所谓的临终心灵呵护的关键。心灵呵护的"灵"字是高维的，让人能够在这个呵护之下回归高维，这是本质。当然了，这就需要每一个从事心灵呵护的人，将自己的内在提到更高的维度上去。

所以我们从事老人临终关怀或者老人心灵呵护这件事情，根本的意义在于我们每个参与者自己内在的提升。因为外部的一切包括每位老人，都是我们内在投影出来的像。我们内在的对生命的领悟、恐惧或者对生命死亡的无奈，会让我们投影出老人的生命现象。而当我们自己内在祥和，充满了爱，充满了高维正能量的时候，我们就会看到老人的转化。那是因为我们内在对生命的意义有了更深层的领悟，对生命的迹象有了更坚定的信心，这时我们看到老人的状态就会不一样。这就是我们讲的临终关怀的意义所在。

二、十方缘事业的终极意义是什么

对十方缘这个事业意义的理解有不同的层次，十方缘这件事情本身的意义有以下几个层面。

第一，十方缘的创始人包括创始人团队，例如方树功，在建立十方缘前的一段时间，他一直从事着养老院建设方面的事情。在这个过程中，他接触了大量的养老院。在访问各种养老院的时候，他发现有宗教信仰的老人在面对死亡的时候，多少是淡定的，而且是平静的。而那些没有宗教信仰的老人，他们中很多人内在的那种恐惧，那种纠结，包括对家庭的那种愁云惨雾，对他很有触动。他在思考，难道这些老人就不能得到心灵最后的呵护和慰藉吗？所以他的这种发愿，这种起心动念，使得他在现实中去寻找这样的机缘。

在现实中，生命的这种关怀确实是需要的，但是它本身又涉及一个心灵层面的概念。在心灵层面，这就是一件超越三维的事情，不能用三维的商业活动价值来衡量。十方缘选择了用这种公益的方式，用免费提供服务的方式进行服务，这种服务本身并不具备什么道德优势，是因为这样的服务如果与商业纠缠在一起的话，其实很难有效果。也就是当一个人为自己的心灵付费的时候，他的那些诉求和他想为人服务的很多意识，就会被拉回到三维空间这种物质状态里面。因为三维的物质游戏规则、商业游戏规则，使我们很容易陷入这种状态里面。

十方缘从一开始到现在这么长时间来，我们观察所有的义工和核心员工投入这个事业后的状态，发现每个参与者从内在随时呈现的喜悦、自在和幸福感是自然而然的、油然而生的。这个事业本身是跟这个时空紧密关联的,而跨越了这个时空阶段,每一个参与者都得到了自己内在境界的提升和升华。在这个过程之中,每一个参与者对生死、对生命的意义,都有了更深刻的领悟,同时对自己生命存在的价值也有了更深刻的确认。所以说,十方缘事业的根本意义,在于每一个参与者意识能量的提升,在于每个人在这个过程中,不断地觉悟自己生命的价值和意义,同时也看到了一个与现实的时空紧密结合,在现实中投影出来的像。十方缘一步一步得到了越来越多的人的认同,包括国家、政府,包括不同的机构。

因此说,整个十方缘事业,实际是符合我们时空能量发展趋势的,是有利于我们内在成长的事业。所以它的终极意义在于每个人内在意识能量的提升,这种提升投影出了我们整个社会、整个人类意识能量的提升,因为"心净佛土净"。自己内在提升了,我们就会看到整个社会在提升,看到周围的世界在提升,并趋于圆满。

三、为什么越来越多的人参与陪伴重症、临终老人心灵的公益活动

在日常生活中,有很多朋友经常问我,自己家的老人年龄越来越大,都面临这样的问题,自己能不能也学一些这方面的

知识和技能。人们从不同的诉求上，对死亡这件事情有了更多、更深刻的思考，特别是我们中国人，往往对死亡这个话题是很忌讳的。

实际上很多人内在是有障碍的，面对生死，面对亲人的死亡，很多人有一些无奈，也不知道该怎么办。十方缘这个事业本身，是让这些人在这个过程中能够找到一些生命的答案，真正地去领悟生死到底意味着什么，最终能够坦然地去面对这样的人生题目。因为死亡是我们在这个世界上面对的最重要的一道生命题目，它完全决定着我们整个内在的去向，所以从这个角度上来看，它正好跟我们现在整个时空的能量状态高度契合了。我们现在的时空，正在从低维、三维能量主导转向高维能量主导，而实际上高维能量状态是完全超越死亡的。

在过去我们追求物质，在我们意识完全被物质所控制的时候，我们不会想象这个更高维度的生命状态到底是怎么回事。当我们从过度追求物质存在的这个状态中解放出来的时候，我们才发现了生命的意义，它完完全全超越了我们对物质的诉求。而对物质的诉求往往带来的并不是喜悦，并不是快乐，也不是幸福，反而是痛苦和纠结，所以这个时候对生命意义的探索，体现在现实中会找这些跟生命意义相关的事业来接近，来了解，来参与。而十方缘的事业恰好完全是跟生命意义紧密连接的，所以很多人的潜意识会让自己靠拢这样的机构，靠拢这样的组织，实际上这是内在的需求，而不是外在单纯地在做好事，在行功德。十方缘如果要是以做好事、行功德这种想法为诉求的话，是做不下去的。相反的，如果我们着功德相的话，可能我们会生出很多的烦恼。十方缘的概念很清晰，不是我们在帮助老人，而是老人在用生命教育我们，因为我们及我们的家人都会面对死亡，我们是否在面对老人的时候，真正学会了领悟生命的意义，能够真正坦然地去面对生命最后的那个时空状态，而让我们自己的内在得到升华。当对生命意义、生命去向、灵魂去向探索的人越来越多的时候，参与十方缘事业的人自然就会越来越多。

四、十方缘的愿景

十方缘的愿景是陪伴生命，喜悦成长。每一个生命都是要被呵护的，都是应该被呵护的，所以不分析、不评判、不下定义，就是爱与陪伴。首先我们想一想，我们陪伴的是什么？我们知道我们人生的意义，《大学》第一章讲道："大学之道，在明明德，在亲民，在止于至善。"明德就是道，明明德就是内在不断地成长。"在亲民"中的民是指的外部的投影，而这个民的内在，实际是我们自己内在所有构建的认知。实际我们在外面看到的一切，都是我们内在的投影。

所以，所谓的陪伴生命，实际是陪伴那些我们自己投影出来的现实中的众生。这些生命呈现出来的生命状态以一种极端的状态呈现，也就是面对生死时的人。这个时候人的意识会进入一种非常关键的时期，是最需要陪伴的。实际上，当把陪伴这个概念进一步拓展的时候，不仅仅是我们的家人需要陪伴，我们的朋友或亲人面对生死的时候需要陪伴，我们每一个人自己也需要被陪伴。同时，陪伴本身就是一种当代真正需要推进的生活方式，而在这个陪伴生命的过程当中，实际获得的是生命内在的成长。当跟我们自己内在的智慧连接的时候，当我们超越我们有限认知的时候，当我们对生命的恐惧被超越的时候，我们产生了内在的喜悦，这就是成长的喜悦。我们自己会有这样的体会，当我们孤独地在现实中修行，或者在现实中经历生命重要过程的时候，相当于我们独自在赶夜路。一不留神掉到坑里的时候，我们有可能晕很长的时间。如果我们身边有伙伴，就会有人拉我们一把，告诉我们："嘿，我们赶路呢！"仅仅这一句话就非常的重要，这就是我们生命成长过程中陪伴的重要性。

因此，十方缘的义工团队成员，彼此在不断地唤醒对方，让我们在人生的路上，不退转地获得内在成长的机遇，把握自己每一个当下，把握自己每一次成长的机会。所以，陪伴生命和喜悦成长，有着一种更深的实际意义。十方缘的愿景，使得我们注重的是过程，是过程中每一个参与者自己内在的成长，是真正体会到这个成长过程后发自内心的喜悦，它并没有以我们在现实中达成什么样的目标作为愿景，因为这已经不是参与者内心真正的诉求了。当然，随着事业的发展，随着参与的人越来越多，随着内在的喜悦越来越多地被呈现，对老年人临终呵护的效率也会越来越高，从事这项事业的直接或者间接结果，就是全国越来越多的老人会在临终或者说相当于"被判了死刑"的生命最后一程中得到心灵的呵护与陪伴。所以，现实中所呈现的一切，是因内在成长而呈现的像，正因如此，从事十方缘这项事业的人们不会着功德相，不会说我们的愿景是帮助多少老人。其实不是那么一回事！而是在这个过程中，所有的老人给了我们内在成长的机遇，所以这种陪伴生命与喜悦成长是关乎自己内在的。同样，因为自己内在的喜悦和成长，我们越来越多地看到周围世界的美好，也看到周围世界变得越来越美。

五、十方缘的价值观

十方缘的价值观是每一个生命都是需要被呵护的，所以我们不分析、不评判、不下定义，就是爱与陪伴。这个价值观是被很多朋友高度认同的。很多人看到了十方缘的价值观，感受到这里面深刻的内涵，也就是说，每一个生命都是需要被呵护的，它是一种平等，是一种"无缘大慈，同体大悲"的生命境界。

其实这是从十方缘的发展过程中提炼出来的一个概念。因为在早期,十方缘的参与者里面有很多的心理咨询师,而在那个时代,很多心理咨询师在面对个案时,他们想到的是解决问题,首先是需要给对方定义出一个问题来。那么想一想,一位临终老人有什么问题需要被解决的呢?其实只有一件事情——死亡。面对死亡时,他们怎么从这种恐惧中解脱出来。或者有的时候,老人并没有意识到这一点,在面对死亡、面对生命选择的时候,不需要解决任何问题。所以在这个层面上,想解决问题的心理咨询师,他的技术在这里面反而用不上了。相反的,那些带着爱心,只有爱,没有别的,只有无条件地付出爱、全身心地去付出爱的这些朋友,却得到了非常好的效果。因为我们所有的分析、评判和定义都是在拿着一个有限的尺子去量一个无限的空间能量关系。如果在三维空间可以制定一个三维尺度,我们可以把人量化,包括他的疼痛、认知,等等。但是,当心灵进入了高维,我们拿在三维空间制定的任何尺子去量这个高维的心灵意识,都是不可能的,而它恰好也会限制每个当事人自己。当我们戴着一种有色眼镜在分析、评判、下定义的时候,实际上自己的意识就已经被限定了。我们没有办法用内在自由自在的生命状态,去面对一个活生生的生命。而不分析、不评判、不下定义恰好是让我们放下一切执念,让我们全然地开放,让我们自己跟内在能量去连接。这个时候我们才能接通我们内在的高维智慧,才能真正处于一种临在的状态之下，去选择我们要采用的方法和技术。

这一点，我们在方树功身上能明显地感受到。他能在那个状态下，闭上眼睛，完全进入内在，这个时候他能够感知到这个老人的需求，感知到内在到底有什么样的方法，可以真正跟老人产生同频共振——只是爱与陪伴。因为爱是我们这个三维空间能够感受到的最大的能量，爱的能量可以化解我们三维空间的一切恩怨和纠结。当然了，十方缘做的是心灵的呵护，随着自己内在境界和智慧的提升，实际上内在自由度超越了我们这个三维空间的小爱，进入了更高维度的大爱，直至进入那种慈悲的状态，也就是无缘大慈，同体大悲，这就是真正的爱与陪伴。

六、十方缘的三好文化

十方缘的"三好文化"是做就好、在就好、爱就好。

这里面的"做"，就是行，它让我们做到知行合一。如果我们只有理念，而不去做，那这个理念就没有意义。十方缘从成立初期，就保持每周三次到养老院去对老人进行服务的传统，不管风吹雨打，不管有什么样的事情发生，这件事情一直持续到现在。只有在做的过程之中，才能不断地从中总结经验。十方缘的这个"做"，是专业化地做，每次为老人做完心灵呵护之后，服务小组都要讨论，并详尽地记录。

那么这个"在"是什么呢？就是临在。因为你在那个状态下,你的意识不在,你没有临在,面对老人的时候,你心不在,那是没有意义的。所以在那个当下,要求每个人能够全神贯注地投入到那个当下的临在状态。而只有在那个状态,你的心才能跟老人产生共鸣和共振,你的爱才能真正地发出、传递出来,你才能真正感受到从老人那里发射回来或者反应回来的那种节奏,我们自己的投影才能真正在现实中呈现。

"爱"是我们在这个三维空间能感受到的最大能量。只有在付出爱的时候,我们才能感受到它的美妙。其实在现实中,很多人不习惯付出,认为爱是得到的越多越好,是向外面请求或者乞求得到的。而在十方缘组织的心灵呵护过程中,我们学会了付出。因为我们知道,付出爱的当下,才是最好的感觉。当你付出爱的那一刻,你会觉得这个世界变得很美好。而当你有一个诉求需要得到满足时,这种美好的感觉顿时就消失了。所以,爱是无条件地付出,是无分别地付出。因为临终的老人,他们可能丧失了语言能力,可能也没有了这种表层的感知回馈,但是你依然能对各种各样生命状态的老人,无条件地付出爱。那老人给予你的回报就是他从一种纠结、恐惧的状态,逐步走向平和、宁静。所以以不同形式呈现出来的这种反射,会给我们内在带来巨大的振动和启发以及巨大的感动。而且让我们自己真正体会到了生命的价值,真正地对死亡有了一种理解，对生命有了一种更深层的认识。

七、十方缘的五星级义工文化

五星级义工文化是"I am here for you"。这里用到了一句英文，把它翻译成中文就是：我是为你而在这里，或者说我为你在这里呈现我的存在是因你而存在，等等，可以有不同的解释。这句话所表达的就是利他。当我们在那一刻交付的时候，实际我们是一种放空自己的状态，而这种放空是让我们跟另外一个生命全然地去相应。十方缘十种技术的究竟只有两个字，就是相应。因为这个宇宙空间能量的相互作用，就是同频共振，只有产生了这种共振效应的时候，才能真正产生能量的传递，才能产生真正的相互作用。而只有把自己放空，我们才能真正地感受到生命与生命的连接。这种连接，是发生在不同的生命个体上的，本质上就是外在的一切都是内在的投影。所以当我们说"I am here for you"的时候，实际是我们跟自己在一起。因为外面的世界跟我们的认知紧密相关，那一刻我们跟我们的内在连接得非常完整。这也是所谓的知行合一、心物合一呈现的一种生命状态。

为什么要把这句英文放在五星级义工的文化建设上呢？是因为五星级义工已经把十方缘理念的各个方面都完全吃透了，而且能够独当一面地去开启新的十方缘事业。在这个时候,五星级义工所承载的是一种使命,是一种担当。而这种担当,这个"you"并不是特指某个个体,它指的是众生——我的存在是与众生同在。所以在这个层次上,面对着全国三千万到四千万的临终老人,作为一个五星级义工,他的情怀已经不仅仅在于自己面对的老人,也不仅仅在于他能够驾驭这些技术,更不仅仅在于他能带领这个团队,而在于他已经对这个事业,有了发自内心的担当。而这样的担当,源于他自己对生命内在的大愿。记得在跟十方缘最初的十六位四星级义工讲课的时候,我们在一起共同地发出大愿。这些大愿是成就我们生命无上正觉的大愿,只有在那些大愿的引领下,我们才会超越,会不退转地去超越一切我们所面临的困难。这就是说:I am here for you——全然地交付。

八、十方缘的六度文化

十方缘的六度文化是高度、深度、广度、温度、纯度、恰度。在最初提出十方缘的事业雏形的时候,确实是在比尔·盖茨和巴菲特他们决定把自己的大部分资产都捐出来的这个时间段。这时候我得到的灵感是这个世界根本不缺钱,缺的是高纯度地能够把钱用在最该用的地方的人和团队,这里面就涉及一个高度和一个纯度问题。高度指的是境界,纯度指的是无私。

只有在高度和纯度的引领之下，才有可能吸纳社会各种资源，得到现实中各种优质资源的支持。当你没有这种高度和纯度的时候，你很难真正得到这个世界积极的良性能量的支撑。十方缘的高度和纯度让我们吸引了大量高质量能量的介入。

随着事业的发展，十方缘在事业的深度上做了很多的努力，也就是说要把这个事业做得更专业、更精准。所以十方缘在进入老人事业后，在深度上下了很大功夫。而在这个社会企业体系里面，十方缘也做出了很大的努力。这个公益组织从开始就在ISO、6σ、5S这几个企业管理的核心框架上，十方缘瞄准的战略方式也不是"走着看"，要把这个事业做深做透，它需要更大的需求——根据全国三千万到四千万老人的需求，来制定它的顶层发展战略。

"十方缘"这三个字本身就是一个广度，它广纳各方资源，汇集十方缘没有分别的求同尊异，吸纳所有资源，全面地开放。

爱是需要温度的，它的热给人带来的温暖，和十方缘事业本身，和参与的员工、义工彼此之间的温暖，体现了它的温度。

恰度在这里体现出的是智慧。十方缘处理任何事情都不分析、不评判、不下定义，只是爱与陪伴，让每一个人在当下把握好他的恰度，把握好分寸，也就是说要有悲智双运。每个人既要有慈悲心也要有智慧、你选择什么样的智慧,什么样的方法面对老人,用哪一种方法,要达到的火候,是每个义工必须要掌握的恰度。

---

[1] 十方缘心灵呵护中心(以下简称十方缘)自2011年成立至今已有九年的时间,这九年,十方缘汇聚十方缘分,走进养老院、临终关怀医院、社区,走进每个家庭,不断践行着用爱与陪伴为生命服务,享受着陪伴生命的喜悦成长。刘丰是十方缘的创始人之一,本篇是他对老年心灵关怀的多年具体实践的总结。

第三篇　国学修心[1]

如果把中国传统文化比作一棵树,那么生生不息的天人合一之道就是这棵树的树根,这棵树就是"心文化"的发源处。在这棵大树上有五个主要的枝杈,它们分别是《易经》、中医、儒家、道家和禅宗。依照经典的源流,《易经》是用来洗心的;中医是用来养心的;儒家是讲正心的;道家是讲静心的;禅宗是讲明心的,都离不开"心文化"。我们以象思维梳理国学脉络,总结为:易道洗心,中医养心,儒家正心,道家静心和禅宗明心。所以诸位古圣先贤讲的是同一个修心的问题,不过是在不同的时空因缘下才有各自的开显。

据文献记载,我国古有三皇五帝之说,太昊伏羲为三皇之首,是华夏始祖。自宋流传至今的启蒙读本《三字经》说:"自羲农,至黄帝,号三皇,在上世。"《尚书》记载的三皇是指伏羲、神农和黄帝。三皇在先,下接五帝,是在夏朝以前出现的部落联盟的首领,而后是夏、商、周三代。最富于原创的、形象化的思维形式是人类最早产生的思维表述,是伏羲氏始创八卦的独特背景,它代表着国学思维的源头活水。

刘丰： 从科学的角度来解读象思维不是那么简单的。这个象不是在我们物质世界所成的像，而是在我们内在高维空间不同维度空间里边所成的像，它是在投影源里面成像以后投影出来。就像西方曾经流行的《秘密》《吸引力法则》，这个作者想知道这个世界上获得巨大成就的那些人掌握了什么共同的秘密，后来他发现这些人原来能够内在造像，也就是他们在意识中把这个像造出来以后再把它投影到现实之中来。但是西方人的特点跟这个象思维有一个本质的不同，西方人的思维逻辑是建构在三维空间上的，就是以物质世界为基础的，是从下往上。它成像是想把这个像落在现实之中来，它是以现实的物质需求作为驱动的。而我们东方象思维是从上往下，我们想探讨的是无相的境界。它借像而达到无相。

一、易道洗心

易道洗心，洗涤内心之意，比喻在修行之初除去恶念或杂念，转恶为善。相当于心理学的内在疗愈。《易经》是用来洗心的，一遍又一遍，直至洗得发白、发光。

《易传·系辞》："圣人以此洗心，退藏于密，吉凶与民同患。"可以说是《易经》的名句。它说明了我们学易的目的，是要以此来洗涤我们的内心。用什么来清洗呢？就是用易道精神,再准确一点来说,就是通过乾(自强不息)坤(厚德载物)二卦所体现出来的精神,来清洗我们的内心。经过了这一番洗心的过程以后,就进入到下一个次第:中医养心。

马仙蕊: 从国学的源头,也就是伏羲的这个传承开始,是一个圆满的教化。而且在2012年后越来越多的信息显示,我们要回归到上古传承的圆满教化中去。既然提到了学国学从《易经》开始,从国学的源头开始,那么我们就站在最高维度来理解一下,《易经》究竟跟我们说了什么。《易经》其实只给我们说了四个关键词,这是我们替大家梳理《易经》的时候得出来的:易道洗心。易道是用来洗心的,那洗心的意思从圆满次第上来说,就是我们每个人的心都是发光、发亮、发白的,都是我们的自然本性。伏羲把这个圆满的传承,高维的智慧,在我们这个世间显像,所以他用这八个符号来代表他悟到的宇宙大智慧和为人处事的大谋略。

伏羲用八个象形的符号来代表宇宙至高的法则规律。这代表了我们一个秘密的心行。圣人以此洗心,退藏于密,这个密就代表我们的心行,也就是我们内在的一个转化,我们向内来认识自己的这颗心。伏羲用的什么方法呢?用的是顿悟法,因为他不凭借任何的语言和概念,自然也就不需要分析逻辑和判断,他用象形的八个符号,就把他体悟到的宇宙的大智慧、大规律和奥秘表达出来了。

刘丰：当我们结合一个多维太极图来理解的时候，我们可以把《易经》理解得更深刻一些。我现在画了一个太极图，先画一个圆，然后里边一个S，然后再接着画一个圆里边一个S。再接着画一个圆里边一个S，我可以无穷无尽地画下去。我在外面还可以无穷无尽地画出来。（见64页插图）这就告诉我们在多维空间每一维空间的能量分布都符合两仪四象八卦的这种分解，都会呈不同层次的象，它真是其小无内其大无外。所以这样我们去理解《易经》的时候，我们就不会仅停留在一个三维空间逻辑上去理解，这个宇宙空间还有更博大的存在，但是当它大到N维（N趋于无穷大），就跟零维没区别，跟那一个质点没区别了。当我们真正能够内观到那个没有体积，没有重量，没有质量的那一个质点的时候，就进入无极。

二、中医养心

中华养生文化丰富多彩，以中医理论与实践指导的中华养生促进了中国人的生命和谐与健康。养生之要，首在养心。何谓"养心"？《黄帝内经》认为"恬淡虚无，真气从之，精神内守，病安从来"，即平淡宁静、乐观豁达、凝神内守的心境。故养生先养心，心平则寿长。《黄帝内经》奠定了中医养生学的理论基础，历代医家将其视为养生长寿秘诀。揭示了常保持身心平衡的人五脏醇厚，气血和畅，阴平阳秘，所以能健康长寿。那么，经过了这一番养心的过程以后，就进入到下一个次第，儒家正心。

马仙蕊： 我们来看一下，《黄帝内经》整部书的文眼，就是十六个字：恬淡虚无，真气从之，精神内守，病安从来。也就是《黄帝内经》所倡导的生命科学，最终让我们达到非常高的境界，我们认为它到达了这个"一"，就是圆满的境界，也就是我们原像的境界，就是本来面目，就是 N 维（N 趋于无穷大）的境界，因为它讲的恬淡虚无，就是指我们的真空大道，只有真空才是虚无的。如果你可以从真空里采天地精华的话，那么这个就是你的"真气从之"；如果你整个身心性命都是从真空大道中来，那么你自然是"精神内守"。虽然《黄帝内经》讲的是如何治未病及养生的问题。但是实际上，它不仅仅只是说有病可以预防这么简单的道理，它更主要的是在讲生命的智慧。

刘丰： 中医系统里面，我们讲到了养生，实际上养生背后是养心，养心的背后是调心。仅仅养生却不去调制你的认知，那么你的自由度还是打不开。调心的目的是要彻悟，就是说这个宇宙中的一切，源于 N 维宇宙空间（N 趋于无穷大）。我们实际上要回归到那个境界。这是所有人类智慧所说的共同回归的地方。也就是无上正等正觉，也就是无极。也就是所谓与神同在，天人合一。

中医最终结果是让我们对生命彻底地觉悟，这叫彻悟。如果没有理解到这一点，我们在救治别人的时候，往往只能执着或者停留在某一个中间层的生命状态上。当我们了解到这个层面时，我们再去看精气神。精，就是有形的显性的能量状态；气，是无形的是隐性的能量状态；神，是超越时空的高维存在。

三、儒家正心

儒家文化一贯强调做人应努力自省，并要光明磊落，坦坦荡荡，这就是正心。只有先"正"了"心"，"修"好了"身"，然后才能"齐家""治国""平天下"。正心诚意格物致知，修身，齐家，治国，平天下，正是儒家的核心智慧所在。

儒家经典《大学》说道："古之欲明明德于天下者，先治其国；欲治其国者，先齐其家；欲齐其家者，先修其身；欲修其身者，先正其心……心正而后身修，身修而后家齐，家齐而后国治，国治而后天下平。"那么，经过了这一番正心的过程以后，就进入到了下一个次第：道家静心。

马仙蕊：我们研究儒家要从孔孟原点开始，也就是从孔夫子个人修行的实践境遇，上升到道德的最高点，以及从他的嫡传、心传弟子开始。那我们就不得不提到一本书，就是《大学》："大学之道，在明明德。"所以明德就提出了我们的心性的学问。

世间最圆满究竟的智慧在儒家，《大学》讲"止于至善"，用至善来代表智慧。那么在道家，老子说"上善若水"，用上善来代表智慧。到了佛家，说妙善，妙智慧。就是没法说，说不明白，开口即错，但是需要你去体悟般若。这个般若就不能翻译成智慧，而是妙智慧。至善、上善、妙智慧说的都是一回事，都是那个"一"。一的境界，而不是二，二代表有是非，有善恶，有对错，二元对立。一就是回归到先天无极大道，用哪种方式都可以，儒家用的是至善。至善，就是我们的明德。

所以说儒家的核心智慧，在于你明德以后要亲民，明德好比你自己看到了自己的自性。彰显你的自性，就是明明德，每个人的自性本自天成，就看你愿不愿意彰显出来。彰显以后还要做一个功夫，就是亲民，服务大众，回报社会。那么你亲民了以后，这就叫福慧双修……灵光一闪，即见天性，那是明德，明德了以后，你修智慧法门还要兼修福报，当福报（亲民）足够了的时候，你就趋近止于至善，这个至善，就是佛境，就是你的圆满究竟界。原来儒家、佛家、道家讲的是一回事儿。

刘丰：儒学里面教了我们一整套在这个三维空间简单的生活规范，按照这个生活规范，我们的行为变成习惯以后，生活会变得很简单。简单的结果是我们跟内在连接有足够的空间。很多人以为这些东西是对人行为的约束，那是因为不了解。当他了解以后，按照这种规范设定的生活习惯会更容易让自己的内存空间去用于觉悟。否则你的内存空间，天天应对当下的事件，哪里有时间去觉悟呢？尤其是当代世界信息这么复杂，遇到的事情也十分烦琐，每天光是处理这些就疲惫不堪了，哪里有空间去跟内在连接？所以儒学智慧把我们的整个行为，我们的生活习性，我们的思维模式简单设定一下让我们能腾出足够的内存空间去觉悟。如果我们不从这个点去理解国学教我们的这些行为规范的话，我们往往认为那是限制。很多西方人不了解，以为中国人这些行为规范是对人的限制。其实不是，它里面存在着大智慧。

四、道家静心

道家思想倡导清心寡欲，虚怀若谷，使心灵保持在静的状态。道家创始人老子观察到芸芸万物生长发展循环往复之道，由此提醒天下人，熙熙攘攘、忙忙碌碌中莫忘我们的根本初衷。只有回归初衷，回归人与人、人与社会、人与自然的安静和谐，才意味着万物与人类新的起点。这就是"静心"的深层含义。《道德经》第十六章讲到致虚守静:"致虚极,守静笃。万物并作,吾以观复。夫物芸芸,各复归其根。归根曰静,静曰复命。"那么,经过了这一番静心的过程以后,就进入到下一个次第——禅宗明心。

马仙蕊:道家是用来静心的,你如何能心静,就是要破相,所以你读《道德经》。你读《庄子》中的《逍遥游》感觉十分畅快,但是它为什么能破相呢?因为它站在究竟圆满的一元法上,站在真空大道上,你本自圆成,你就是真空,你还需要干什么呢?你只用干一件事就是拆掉阻碍,就是把你和真空之间所有的阻隔拆掉,老子和庄子就是来帮你干这件事的,就是来破相的。

我们来看整个《道德经》的文眼,在第十六章里讲到了四个关键词,叫"致虚守静",原文叫"致虚极守静笃"。致虚守静的境界就是真空无为大道的境界,就是量子真空,那么量子真空的不二特性,就是虚空不空,就是你的心一动,就有万物并作吾以观其复。所以你心不动,是虚空,你心一动,使万物并作,说明这个一体两面是同时存在的,这同时存在的东西,就是我们的这颗心,我们这颗心是有无相生的,你说它空或不空都不对,它是空和不空背后的那个圆融的东西,那你在干什么呢?你在那儿,观它的往复,一会儿空,一会儿不空,一会儿有，一会儿无，所以吾以观复。

这就是道家最高的功夫，就是大道至简，是在真空实验。那么这一点，是道家的顿超法门。后来大家所说的就是他的渐悟法门，从人开始修，一直往上修。所以说道家老子所传的一脉虽少，但是他的真传一脉，是从高往低修的，从上往下修的，就是从真空大道开始修。这就是《道德经》几千年的能量。所以一定要从最高开始看，这就是道家的圆满究竟法，也是未来的大道流行法。

刘丰：我们可以从两个层面来解读道。第一它是 N 维宇宙空间（N 趋于无穷大）的宇宙智慧。道是以一种在不同空间的存在的简单形式。最简单的形式是能量波，而最简单的能量波是正弦波，也叫简谐波。所有一切的能量波，都是由正弦波叠加而成，任何复杂波分解后都变成了正弦波。相当于拿着绳子抖一下后形成的水波。一个正弦波，或者说一个信息单元，它的振幅和它的波长还有它所在的空间位相，决定了这一个信息特征，它就是一个单一信息。而两个正弦波一叠加，就是一个信息组合。那一组正弦波放在一起就是一个信息集合，而每一个信息自身的频率构成了频谱。所以一首乐曲有乐谱，一束光有光谱。而频谱就是正弦波，是每一个单一信息的逻辑关系。所以这个东西其实就是玄，但它仅存在三维空间吗？非也，因为玄之又玄。就真正的太极图从多维空间来看，它是一维套一维的,它是其大无外,其小无内的。

五、禅宗明心

佛教发源于古印度,是由释迦牟尼佛创立的。佛教自汉朝传入中国,与原始佛教不同的是其本土化。禅宗是佛教中国化、本土化最鲜明的代表,标志性的经典是《六祖坛经》。明心——识得常住真心,本自清静。这个心就是菩提心,人人皆可彻悟因妄念而迷失了的本心佛性。由此"国学修心、五步到心"遵循古圣先贤的引导,依着人天佛法,步步增上,进趋大乘,直至菩提。

马仙蕊: 不仅六祖是佛,你也是,就是你也是你自己的佛。你就是你自己追寻了一生找寻的那个佛。You are master,你就是你的大师,你就是佛。我们每个人都是自己内在的大师,都是自己内在的财富,所以圆满的教化的意思是说,我们不仅要学易、医、儒、道、禅这些国学(向上觉悟),我们还要能去向下普化,还要让他在现实世界能呈现出圆满相,也就是说我们高维精神的能量和我们现实物质能量是高度的圆满和统一,相互融合的,也是一不是二。所以这是圆满的传承,所以说你要努力,你不仅要学国学,你还要去在现实世界里实现它,现实世界的实现是来佐证我们的高维智慧的。这样一个圆满的教化就是要我们明白,在未来每个人都是自己的大师，每个人都有接触宇宙的这种密码、这种机遇。

我们再来看一下最后一个关键词——禅宗明心。和原始佛教不同的就是中国佛教的本土化，我们是大乘，大乘就是我们大家一起走。佛陀，在菩提树下悟道以后，第一次转法轮，是原始佛教，我们叫小乘。在东南亚国家，小乘就是自己觉悟的意思。我们现在是大乘的时代，就是行菩萨道。菩萨道的意思就是大学之道，"大学之道，在明明德，在亲民，在止于至善"。也就是说未来的时代，我们相信自己本自圆成，相信所有人本自圆成，那么我们一起来把这个世界变得更加美好，灿烂和光明。

刘丰：因为禅本身就是N维（N趋无穷大）的，《六祖坛经》没有离开这个最高境界。但同时它又把在现实中所有投影的相跟它的关联找到了。而且在现实中很多修行不同法门的人，纷纷到六祖这边来做印证。然后这些人在六祖这儿得到印证之后，同时都得到了一个通透的跟智慧连接的机缘。

所以《六祖坛经》把整个渐法和顿法其实融为一体了。不是说《六祖坛经》只讲顿法，实际它也讲渐法，只是融为一个非常完整的、圆融的整体。所以在我们现在这个时空如果要真正地践行《六祖坛经》里说的这种心法的话，它既可以跟我们现实每一个当下关联，同时又能跟我们内在圆满智慧关联。所以我们经常要强调一个特别重要的概念，就是正信，相信本自具足。六祖讲:"何期自性,本自清净;何期自性,本不生灭;何期自性,本自具足;何期自性,本无动摇;何期自性,能生万法。"他真的把"我们本自具足"这个内在的信给成立起来,坚固起来。这叫信为道源功德母。

如果你没建立起这个正信的话。那你在现实中的心性跟那个智慧的道的最高境界是没有关系的。你很难建立这种关系,所以六祖又做了一个特别强的示现,他是个没有文化的人,但他对他自己内在自性的这种坚信,使得他可以冲破一切障碍。六祖一生经历了很多事,因为袈裟被追杀,但最后他又破了相,再也不传这个袈裟了,为什么不传?是因为人容易着相,会为它引起人间的是非,最后就纯粹变为心法。所以要了解《六祖坛经》,如果不能从内在的心法真正了解,不归于心法,都没有意义。《六祖坛经》讲的是心法,而且这个心法一定是通透到 N 维(N 趋于无穷大)。禅的本质,是离一切相。

---

[1] 本篇为刘丰和北京易和书院马仙蕊的对话节选。

第四篇　对《零极限》的解读

《零极限》的作者修·蓝博士在夏威夷的一家精神病院做了三年的心理治疗实践，他在这个医院里不见任何病人，只看一个一个的病历。拿到这个病历以后，他会做一个内在清理。因为他说：我看到这个病历，一定是我的内在投影源里有这个病历的投影信息在，把那个信息清理掉以后就没事了。结果三年后，这个医院的病人都痊愈离开了。

所以他这个方法就在现实中不断被践行，他天天做的事情就是清理，随时用四句话清理：对不起！请原谅！谢谢你！我爱你！

这本书里面有句话："对面对的一切承担百分之百的责任！"这是最核心的一句话。为什么呢？因为你看到的一切其实都是你内在的投影，所以当你把你自己投影源里的障碍给去掉的时候，你看到的障碍就不存在了。那当修·蓝博士承担百分之百的责任的时候，实际他做的一件事情叫发菩提心，是度尽一切众生，是在行菩萨道。所以荷欧波诺波诺这个方法，实际就是菩萨道——对面对的一切承担百分之百的责任。

而他用的方法是在跟自己的内在那个具足圆满的神性说，也就是跟我们的N维宇宙智慧（N趋于无穷大）的那个投影源说"对不起"，对不起的是什么？对不起的是自己产生这样的认知而投影出这样的像。这个认知障碍了自己跟这个具足圆满智慧、跟我们内在神性的关联，对不起的是我们圆满的自性，对不起的不是那个个案，不是那个呈现，也并不仅仅是那个认知，而是我们本来圆满，却因为我们升起一个认知的障碍，障碍了我们认知的关联，这才是对不起的本质。

"请原谅"是向它敞开，全然地臣服，也是跟这个神性在说，不是跟个案说。那个只是在同一层次上的关联。所以我们在现实中很多时候的忏悔，很多人不明白。因为我们总是在自责，把自责当成忏悔。当你用是非来评判你的一个认知、一个行为的时候，这个是非就在一个层次上。你只用对错去判别的时候，你坚持对的时候那个错永远存在，你根本不可能提升。所谓忏悔是发觉、觉察那个认知是什么，然后靠你内在的能量去转化它，而这个转化绝对不是靠是和非来决定的。

现实中我们做了一件事，这件事做错了，我们会对人说"对不起"，说完我们就没事儿了！结果"对不起"变成我们的一个托词。因为说完了"对不起"我就不需要觉察我的认知是什么了！我们下意识地就会去说。某件不好的事发生了，我可以说：这些都是我的错！可是这句话有用吗？没有用！因为你错了又怎么样？你承认了又怎么样？这种错还会出现。因为你总在道歉，其他人也就认为你的道歉不值钱了。你成天跟人说"对不起"，是因为你并没有觉察你对不起的是什么。你只是在口头上说"对不起"，只讲"我错了"没有用！对不起的是跟我们内在神性的关联，是跟我们圆满觉悟的这种关联。所以把某件事情转化到那儿再去看这个认知时，是从上往下看，你不是在平行地看这个认知把它变成一个障碍。从上往下看你才能化解，你才能转念。就是从投影源的角度去看，不是从像上去看。我们太容易执着在像上去解决问题了，太容易执着于一种对峙的方式了。所以，当你在投影源里转念对峙结果的时候，你就用对方法了。你的指令是从上往下给出的，它的效果就不一样。如果我们的指令是平行给出的，就有可能达不到这个效果。所以这就是忏悔，所以说"对不起"应该是这样的，"请原谅"也是一样的道理。

"谢谢你"，那是感恩。这种感恩是一种对回归的诉求。我们感恩的时候是让我们的心处在一种积极的状态，是一种良性的状态，是一种提升的正能量状态，如果你有深仇大恨你会感恩吗？你心里充满纠结的时候，你的感恩全是假的！你只有在完全释怀的时候，完全充满了喜悦、充满了自在、充满了放松的状态时，那种感恩的能量，才是真实的。

"我爱你"中的爱是什么呢？是全然的能量的共振，全然的合一。所以基督教说"神爱世人",那世人一定是爱神的,你爱神你才能跟他的能量共振,跟他这个能量有个共鸣关系。然后你用神爱世人的这种爱去爱所有的生命,这个你才能是与神同在,那神才能住到你里面,你才能看到神无时不在、无处不有,因为你投影出来的是充满爱的世界,而且这种爱是无分别的。人家打你左脸,你还把右脸伸过去让人家打,我们会说这人傻,这人有毛病。但是,所有的发生都是有原因的,都有它的作用力和反作用力。他对你的否定、外界对你的否定,实际就在考验你对所有事物的接纳程度,你能不能学着接纳,你不能接纳的部分恰好就是你的障碍。你不能接纳什么事情,事情就要被反复地呈现,直到你真的能够接纳。婚姻关系基本上就是这样,我们觉得这个人不行我们就换一个,换一个也还是这个问题,再换一个还是同样问题。直到有一天你发现,原来要改变的是我自己的那些认知,然后你觉悟了,就圆满了。

所以《零极限》用到的,是跟自己内在神性的一种关联。而跟内在投影源这种全然的融合,才有可能转化世间一切相。所以现实中你看到的任何不圆满,完全不需要去外面抱怨,完全不需要去看外面,认为外面的人对不起自己。只要看内在,我为什么对这件事产生了纠结痛苦?这就是人生的应用题。

所以《零极限》最后要求的、要做到的,是对一切承担百分之百的责任。当你把一切都清理转化的时候,你达到的那种境界就是通达的。这样我们再去接触所有的宗教、所有的法门，不管是气功也好、辟谷也好、特异功能也好、太空人也好，全是我们内在彻悟的助缘，我们不会排斥，也不会执着，也不会迷信，我们只有感恩。你遇到什么法门或者有什么样的老师在你的生命中出现，都是助缘，我们只要感恩就可以了。但是我们也不需要执着，不需要依赖，因为你真正依靠的是自己。有的人问我能不能推荐几本书给他？我说其实你这辈子最该读懂的那本书是你自己，其他的书就是个助缘。但是如果你在现实的事情上见到的所有人，都能帮你开启内在智慧宝藏的话，那你可以在任何事情里面去开启自己。所以有一句咒语叫"你说的对"！

当你喜悦地接纳所有一切的时候，你就知道，每个人都是可以通到最高境界的，这叫"法法通道、术术含道"。在这个状态下，你会排斥什么？不会了。那个排斥就是自己的障碍，批判就是拿有限的尺子去量无限的世界，那是一种愚昧，是一种愚痴。所以我的观点很简单，只要你敢说，我就敢信。别人以为傻，其实很受益。所以，勇于相信别人，说明你自己不会去欺骗。因为你相信这个世界的真诚是存在的，所以真诚地去看这个世界美好的东西的时候，这个世界就是很美好的。我很庆幸我小学二年级时候的那个经历，我从教室里出来，看到满园的迎春花开了，我当时想：哇！这个世界上美好的事情分分钟发生在我的世界之中，我用一辈子的时间去看美好都看不过来，我没有必要花时间去看那些不好的。那是我小学二年级的时候，真的很受益！所以看所有事情要看到积极的一面，我可以把身边的人最美好的一面转向我。但谁能转得了别人呢？所以我们就转自己，把你最美的一面转向别人的时候，他最美的一面一定转向你。还是那句话，还是心法，还是一切针对自己，一切针对外面的东西都是浪费时间、浪费工夫、浪费生命。你到外面求也没有意义，最后可能绕一大圈还是得回到原点，只有在原点，才是一切的投影源。高维在我们每个人内在，绝对不在外面。

勇于相信别人，说明你自己不会去欺骗。

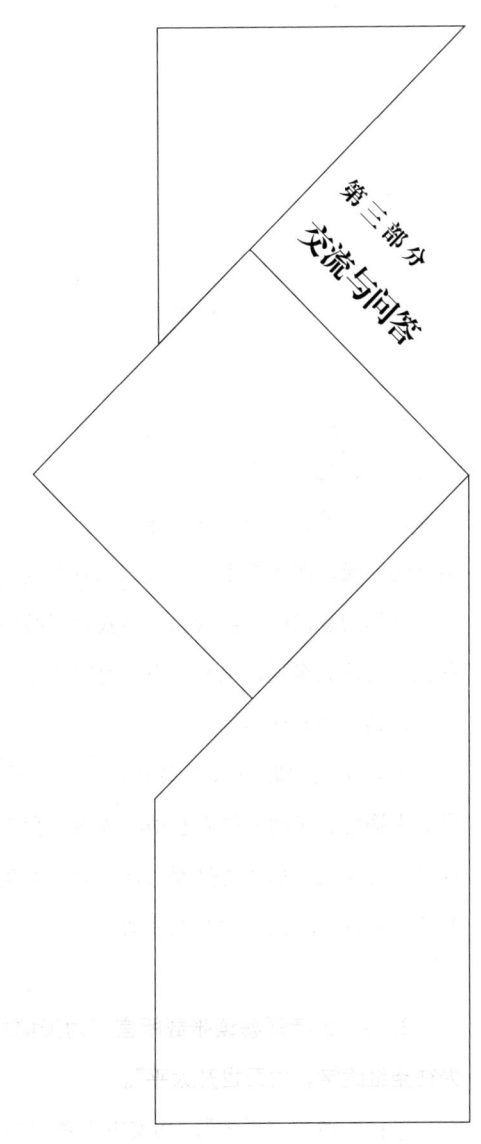

第三部分
交流与问答

1. 问：关于王阳明的心学思想。

答：关于王阳明这里面有非常重要的一个概念，实际上就是我们在外面看到的一切，其实是我们内在投影出来的像，因为低维是高维的投影，所以三维或者四维以上的空间全是在我们的内在，也就是说高维空间并没有在外面。所以王阳明的心学是讲到了宇宙的本质：一切来源于内在。

所以说，你没看到花朵的时候，也就是和这个能量的渲染没有发生，也就是你的意识没有去渲染这个能量。我们有什么认知，我们就会渲染出什么样的相。当你没有去起这个念去渲染它的时候，你是看不见的。当你有了这个意识，这个相就会呈现在你的意识中。当我们按照我们三维的习惯，会认为那些存在是所谓的客观，也就是说因为它存在，是我遇到它我才会看到，其实并不这样的。

王阳明的问题还可以跟另外一个相对应，就是关于《坛经》中幡动、风动和仁者心动的故事。我们看到幡动，知道幡动是因为风吹，那风动是因为什么呢？答案是仁者心动，也就是我们的认知、我们的意识在动。

2. 问：请老师解读张载所言"为天地立心，为生民立命，为往圣继绝学，为万世开太平"。

答：所谓的"天地"，其实古人意识中的天地不是我们现在看到的这个宇宙天地，它实际是N维（N趋于无穷大）的，它包括了整体的内在，所以它讲到"天人合一"的宇宙观，实际指的是我们的内在和我们N维宇宙（N趋于无穷大）是一体的，也就是N维（N趋于无穷大）实际是在我们内在的。所谓"为天地立心"，这个心是万民之心，这个万民之心是合一的，达到N维（N趋于无穷大）。因为每个人内在是具足圆满的，所以具足圆满的N维（N趋无穷大）和零维是合一的。所以"为天地立心"，立的是这个心。

"为生民立命"，实际上当我们立了"心"以后，我们在现实的生命状态就被这个心所引导，也就是我们会探讨到生命的根本意义。"为生民立命"，也就是人的天命、使命，是一个人他活在这个世界上，他生命的意义是什么。

"为往圣继绝学"，所谓往圣指的是我们人类传承下来的这些智慧学说，实际这些智慧学说都是高维的投影。那高维的投影随着它的时空演绎，会以不同的方式表达出来。它在不同的族群、不同的文化背景下，以不同的语境表达出来。所以"为往圣继绝学"，实际是指在每一个当下时空，都能够跟高维智慧连接。

"为万世开太平"，指的是意识能量和物质能量的一种高度的和谐。当意识能量和物质能量和谐的时候，我们整个时空能量关系是一种自然、自在、喜悦、快乐的呈现。

3. 问：关于正弦波，正、负能量。

答：实际上我们在解读正能量的时候，并不是用这个。因为正和负是同时存在的，在正弦波中正和负、阴和阳是同时存在的，并不能说阴就是负能量，阳就是正能量。正能量指的是什么？其实这里要加一个字，就是正向能量，也就是提升自由度方向、提升维度方向的这个能量，也就是指向高维度的这种能量状态叫正能量。而限制自由度，自由度往下沉，自由度、维度降低的能量状态叫负能量，也就是负向能量。所以从这个角度理解正负能量的时候，我们才能理解所谓正能量的内涵到底是什么，否则这个正负的平衡就有不同的意义。

4. 问：我们在三维的世界里怎样去做才能更好地感知多维？

答：关于在三维空间感知高维，其实我们在不同的法门里面有很多不同的方法，我们把它们统称为高维实践。比如说持咒、诵经、打坐、冥想以及祷告，其实这些都是在做高维实践，如果要了解它的话，实际上都是在跟内在的高维空间做连接。

5. 问：零维和 N 维（N 趋于无穷大）的共同点是什么？为什么使用维度这个概念？

答：零维和 N 维（N 趋于无穷大）的共同点，就是它们其实都包括了宇宙中的所有信息和它们的相互关系,这叫宇宙全息律,也就是实际它们所包含的内涵是一样的,就是零维也具足宇宙一切智慧和它们的相互关系,那 N 维(N 趋于无穷大)自然也包括一切。所以它们俩叫"其大无外,其小无内",这也是道的根本属性。

维度实际上只是借用这个描述,借用这个维度的科学语境来做一个描述。我在过去二三十年的研究里发现,这个语境跟所有的宗教逻辑系统、智慧系统之间的关联非常容易,而且当它们能够关联起来的时候,它们可以相互印证。科学语境只是一个工具,借用这个工具,不同的系统对空间有不同层次的分解,有九重天,有三十三重天,等等。分解的方式就像切蛋糕一样,切的方法不同,但它的本质是一样的。那为什么选用这个多维的概念?是因为借用它,是现代人的主体逻辑,是科学逻辑,这个语境比较容易被接受而已。

6. 问:高维除了跟宇宙信息、宇宙秘密有关,对于现实物质世界指导意义有哪些?

答:这是个很有意思的话题。因为我访问过很多成功人士,我问过他们一个同样的问题:你做人生最重要的决策的依据是什么?我得到的回答出奇的一致:是直觉。实际直觉是来自高维的信息。而灵感呢?所有的科学的发明最初都源于灵感,其实灵感也是来自高维的信息。所以实际上我们在现实的成功的背后,是我们跟我们内在高维连接的状态决定的。你去模仿来的成功根本就不是成功。我们在内在跟高维连接,这叫"内圣",而在现实中相信我们和内在连接的结果而又执着地去实现它,这叫"外王"。所以在我们传统文化中"内圣"和"外王"指的是内外合一。

当我们跟内在高维智慧连接,而我们内在自由度提升,超越我们的认知障碍的时候,在那一个当下我们会体验到一种喜悦,部分宗教管它叫"法喜",基督教叫"圣灵充满"。这种喜悦是我们三维物质世界的体验无法比拟的。而当我们不断地在自己内在突破我们的认知障碍的时候,这种喜悦会持续地呈现。所以真正跟内在高维的这种连接,会让我们的生命状态充满喜悦、自在、快乐,充满创造力。它是真正幸福、自在、快乐的源泉,也是我们在现实中驾驭我们的一切,超越一切障碍,超越我们自己的唯一方向,也就是提升意识能量自由度,实现我们生命的意义。

7.问:多维理论是不是仅仅是一种说法?

答:确实仅仅是一种说法。一套描述的系统,它是基于数学逻辑上证明的,实际是用数学归纳法进行不同维度之间事物关联的验证,数学归纳法可以通过一维和二维的关系来验证三维和四维的关系，进而可以验证 N-1 维和 N 维（N 趋于无穷大）的关系。它里面对应的逻辑关系和数学定律没有变化，只是每多一维便多了一个变量。在线性几何里面简单到所有问题的处理最终归结为降维处理，公式相减去变量，去掉一个变量就是一次投影的完成，就是一次降维，最后降到一维的时候就是一道算术题，就非常简单了。如果真的要从高维去证明，必须需要高维实践，所以多维理论和数学归纳法，它仅仅是一种说法而已。

8. 问：不见本性，学法无益，请详细讲解。

答：这句话非常重要，本性是什么，本是根本。什么是根本？N 维（N 趋于无穷大）、最高境界、投影源就是根本。我们不去跟这个境界连接的时候，那些所谓的法，就像不同的上山的路，我们在山上走任何一条路意义不大，而且还可能会很危险，可能会驻足在某个山头上不去、下不来，我们不以最高境界为生命目标的时候，我们可能会在中间的层次被自己有限的认知障碍，所以容易形成法执，法执比较难突破。比如我们从三维出发，走到了一个山头，发现另一个山头更高，你又不舍得下来了，即使下来，又发现山外有山，没有意义。只有本性在高维，在"天上"，不在山头上，登"天"的路实际才是本质。

这个时候我们知道，真正的最高境界的"天"是N维（N趋于无穷大），这也是我们东方智慧的精髓，是天人合一的宇宙观。看这个宇宙一定是在最高境界看整体宇宙，从整体宇宙看这个世界的一切的时候，是从上往下看，这是东方智慧的精髓，是高维引领低维，而高维的终极是道，是在N维（N趋于无穷大），那叫本性也叫自性。在那个境界上看宇宙万物的时候，任何法都是在本性之内的，上山的每条道你都能理解，否则你可能就在山下困惑，在不同法门之间进行抉择了，那就是浪费时间、浪费生命了。

9. 问：见识有限，很难突破，怎样可以感受自己穿梭维度了？

答：其实我们的见识有的时候反而是障碍，内观已经不是靠见识了，内观到的是智慧，见识很多都是知识、是表层信息。真正的突破实际是往内找，所谓穿梭维度都是在我们内观过程中出现的，不是在外面学习得到的，相反我们有对知识表象执着的时候，在我们记忆里连接的时候，往往变成我们与智慧连接的障碍，就是我们刚才说的"所知障"。如果我们把知识当作发酵智慧的酵母，现实中的每个知识的背后都有它的高维能量关系，如果到了能通过知识理解它背后的高维能量关系的时候，这个知识就是启发我们智慧的。

10. 问：如何理解纯度与专注度？

答：纯度，实际是指波的纯洁性，单一性。就像是单色光，比如激光，首先前提它是单色光，都是单一波长，这就是它的纯度。专注度指的是它的聚焦度，相当于拿一个放大镜把光聚焦到一点，这一点上产生的作用比散射光的作用大得多。我们大部分人的意识能量是离散的，而且频谱太复杂了。当我们把我们的意识能量调制到相对比较纯的时候，或者当我们考虑一个问题的时候，是以一种能量属性作为调制的话，这就是所谓的纯度，它能够在现实中起到作用。就像激光能够切割、打孔、焊接，因为第一它是单色光，纯度高，它能产生共振，第二它可以聚焦于一点，激光把能量整个集中在很小的一点上，这就是所谓的专注度。激光的属性正好可以解释纯度和专注度，这两方面确实不一样。

近代科学也在不断地研究，量子物理在研究人的意识的时候发现，现实中人对一件事情、一种事物、一种想法在意识中保持的时间是非常短暂的，如果能够把一种意识持续保持的话，那这种意识在现实中呈现的概率会急剧提升，这就是《秘密》里面说到的吸引力法则的关键，它能够在内在造一个相，持续地观想这个相，这个相在现实中呈现概率就急剧提升。我们把它称之为"Energy Design 能量设计"，也就是在源代码、源程序空间去设计在现实中要呈现的像，把它投影出来，这就是《秘密》里讲到的所谓的吸引力法则。

11. 问：把知识用出来就是智慧吗？

答："把知识用出来就是智慧"，这个说法有它的道理。但是智慧和知识的关系是：智慧是投影源里的信息，知识是投影出来的像。它们之间实际是这么个概念。把知识用出来，有两种解释，一种是没有跟自己内在连接，只是把知识当工具在用，这个跟智慧没有太大的关系。实际上，如果领悟到了知识背后的智慧，通过知识把自己带到了更高的维度，或者在内在超越了知识的障碍，而对整个时空有了更完整的认知，这种超时空的能量驾驭才是智慧。但确实现实中很多人认为我能把知识用出来就是智慧。用出来的方法有两种，一种是当知识的奴隶，只是把知识当工具，在知识的限制之中去使用它；还有一种是超越了知识，是驾驭知识，不仅如此他还能创造知识，而对知识的创造体现的才是智慧，如乔布斯。所有人类的发明家，成功的企业家，很多时候他们自己就在创造着所谓的知识。

12. 问：佛家所讲的渐修与顿悟的不同修行方式，如何用您所讲的科学语境来解读，哪种方式更符合我们现在的修行道路选择？

答：比如说去杂念，去掉这个三维的杂念得四维，四维的杂念去掉得五维，从下往上的这种方式我们把它称之为渐修。渐修的四句偈的代表是"身是菩提树，心如明镜台。时时勤拂拭，勿使惹尘埃。"实际上顿悟的这个法门，是去掉任何的相、破一切相，禅宗的禅实际就是离一切相的意思。所以，顿悟是直指N维（N趋于无穷大）。但是实际在现实中每一次开悟其实都是一个顿的当下。其实渐修和顿悟是交织在现实当中的，每一次当下的提升，在那个当下都是一个顿悟的过程；而在这个过程发生的时候，它都是以渐修作为基础。所以渐修实际是高维实践的实验条件的打造，顿悟是这个实验结果的呈现。"菩提本无树，明镜亦非台，本来无一物，何处惹尘埃。"它讲的是究竟的，在N维（N趋于无穷大）的境界的时候，其实是没有这些相的，既没有树，也没有台，更无尘埃。

13. 问：怎么看待三维空间的名、利、财富、地位，等等，也就是福报？

答：在这个三维空间里面能量的呈现分有形的和无形的。什么是福报呢？要先说福德。福德是什么？德是自由度，是我们能够掌控的空间范畴，所以福德就是三维空间我们能够驾驭的空间范畴。它是跟什么东西相关的呢？就是情商。也就是心有多大舞台就有多大，就是你心量有多大你就能驾驭多大范畴的事物，这就是福德。福德转化成现实的呈现就是福报，福报就是三维能量的呈现。

14. 问：人心、道心、执中，怎么理解呢？

答：其实我们讲人心，这个心指的是带着我们的低层次认知的一种意识状态，这是人心；而道心是纯净的，不执着于任何有限层次认知的那个本心，那是道心；执中指的是不偏不倚，也就是我们不在任何一个能量层次上偏颇，不偏颇于所谓的对与错、是与非、阴与阳。为什么不偏颇？因为当我们偏颇于一面的时候，它在另一侧会同时出现。我们偏颇于对的时候，错就会呈现；我们偏颇于善的时候，恶就会呈现，所以不思善，不思恶。只有当我们超越了是与非、善与恶的这个认知层面障碍的时候，我们才有可能提升，这就是所谓的执中。

15. 问：如何解决低维的纠结？

答：其实所谓低维能量的纠结就是我们的业，就是认知。我们在三维空间里，通过外部世界一切的呈现而觉察我们的认知是什么，这叫烦恼即菩提，也就是烦恼是得智慧的因，是因起烦恼而让我们觉察这个烦恼因。为了颠覆这个认知或者这个烦恼因，就要超越这个认知的纠结，这就是所谓的消业。它是我们入世心法里面最关键的一个概念，叫觉察，然后反求诸己，去发现那个认知，再去颠覆超越有限认知。

16. 问：怎样判断自己的认知在哪个维度？

答：判断自己的认知在哪个层次，一个最简单的方法就是你看你周围的人是哪个层次。你周围人是你认知的投影，你周围的人在哪个境界，你的认知就是在那个境界。如果你看你周围都是好人，都是觉悟的人，都是佛、菩萨，那你的境界就跟佛、菩萨差不多了。如果周围的人都是些坏蛋，那我们的认知里面糟粕的东西就过多了。

17. 问：在三维世界里，我们从事什么样的事业，对于提升我们的能量自由度更有帮助？

答：其实在三维空间里，所有的事业都有可能让我们内在提升，所有的事业都有这种可能性。关键在于如果我们知道我们生命的意义就是提升意识能量的自由度，那么所有当下事务都是提升的机缘，这就叫法法通道、术术含道。这在佛教里叫佛法八万四千法门，人有八万四千种烦恼，每种烦恼都是让我们觉悟的机缘。在三维空间选择事业也是因人而异。如果一个人内在功力很强，他无论选择什么事业都可以持续提升自己内在；如果一个人内在功力能量相对较弱，他所选择的项目不那么纠结、不那么复杂、不那么充满挑战时，他在现实世界中能量就不至于往下掉。

其实所有的事业都有助于我们提升意识能量自由度,关键是我们是否能读得懂它,这就是法法通道。在我三十多岁的时候,一个师父跟我说,你这辈子遇到的所有事都是为你设计的,所以在所有问题面前问自己一个问题,这件事在告诉我什么?不是用世俗逻辑去问,而是用内在成长这个概念去问。他让我知道,没有一件事不和自己内在成长相关联。所以无论选择什么样的事业,它只有一个唯一目的,就是提升我们意识能量的自由度,而这个自由度在任何状态下,在任何能量关系中都有提升的机会。

18. 问:自然即无为,对立的是人为,它们两者是矛盾的吗?

答:讲道法自然,自然的反义词就是人为。实际上人为的东西越多,离道的本源就越远,就越复杂,所以叫"为学日益,为道日损"。"学"就是知识信息的叠加,它变得越复杂,它离道就越远。"为道日损"讲的是向道走是一步步做减法的。所以,我们在现实的人生过程中,去发展科学技术,不断创造新的东西,实际它离我们内在简单的能量关系越来越远,这就是"为学日益"。它只是呈现了我们和内在连接的难度、差异而已,至于它是不是矛盾的,仁者见仁,智者见智。

19. 问：为什么要以戒为师，以觉为师？

答：为什么要以戒为师？就是说因为我们很容易在我们开放的意识里面接触到那些病毒软件、病毒指令，如果我们能够借用杀毒软件去掉意识病毒的话，那么我们的自由度就会提升，杀死的这些意识病毒就是我们的认知障碍。真正要觉悟并不仅仅是以戒为师，而是要以觉为师。那个觉，是我们相信本自具足，相信能够跟我们自己内在的高维连接，从而获得内在灵感、高维智慧指引。所以以戒为师和以觉为师是可以同时呈现在我们的生命之中的。

20. 问：圣古先贤以文字著作，将道理留传给世人。难道在初始时候的先人们，就理解了现在课程中所叙述的维度空间和能量理论吗？

答：其实宇宙真理是超时空的。另外，智慧的特点在于可以应时、应运地选择它的表达方式。所以在古代用古代当时时空下的人能理解的语言和逻辑去描述，但它描述的本质到今天并没有变化。而今天的人所建构的所有知识系统其实跟智慧是可以关联的，所以他可以用现代的语言、语境跟它产生对应，这也是一种描述。所以我们说的维度也好，能量也好，它是借现代人的思维逻辑，借现代人的这种思维方法对智慧的一种描述而已。只有当我们通透地了解这个智慧的本体的时候，我们才真正理解什么叫法法通道、术术含道，才真正能理解所谓的佛法八万四千门，才真正能够理解到神无时不在、无处不有。

21. 问：现在有些心灵修行的课程，比如印度的曼陀罗瑜伽，主要运用呼吸的方式得到一些身体上的灵性体验，这些东西属于高维度的吗？

答：心灵修行课很多修行的方法只是创造我们进入高维的实验条件。进入高维的方法有很多种，观呼吸、数息、持咒、诵经都是方法，它只是一个进入状态的方法。但是，一个非常重要的概念就是一旦进入高维，一定要有明确的方向，而这个方向不应该是一个有形有相的方向，而是一个无形的，是最高境界的指令，是一个彻悟的指令，否则很容易在中间层次上走火入魔，很容易迷信于中间的偶像、中间的状态。因为所有有相的东西都是中间态，而到了最高境界的时候他根本不需要相了。这是心灵修行的一个非常重要的概念。

只有把我们的愿力，把我们的目标定在 N 维（N 趋于无穷大），当你进入高维的时候，你才不会被任何中间层次的能量所左右，你也不会恐惧接触和面对任何中间层次的能量体，你会把它看成是助缘。你会感恩，会自在地与各种能量相处，但你不会执着在各种能量层次中，你会很自然地超越，否则会很容易迷失在某个中间能量层次。如果现在你面前站着一个四维的人，你会觉得不得了，因为他知道未来、过去，知道很多，你会觉得这是一个神人，他甚至可以主宰你的命运。但是四维和三维没有区别，因为三比无穷大等于零，四比无穷大也等于零，任何有限数比无穷大都等于零。所以中间层次一点都不重要。当你没有 N 维（N 趋于无穷大）的愿的时候，你遇到一个比你现在认知境界高的人或事，你就无所适从了，你就很有可能被那个中间层次的能量、那种认知所摄受。所以只有发大愿，把目标定到高维的时候，中间任何层次的能量关系才对你都是助缘，你也不会恐惧了，你跟它们的相处都是和谐的，自在的。

22. 问：三维中一个个体的消失，是否意味着整个 N 维（N 趋于无穷大）空间这个个体的消失？

答：三维空间个体这个概念本身，可以理解成高维投影出来的一个像。这个像消失了，不一定代表它在整个宇宙消失了。因为那个认知可能还在，只是它没成像而已。那个像在不在不重要，那个认知在不在却很重要，若还执着在这个认知，那在机缘成熟的条件下它还会投影出一个相关的像来。这个像本身是由这个认知决定的，所以超越那个认知，灭度那个认知，这才是所谓的不存在。但这种不存在只是像的不存在，而当你通达 N 维（N 趋于无穷大）的时候，一切像你都可以随意渲染，但你不执着于任何一像。这就是所谓如去如来，随时可以呈现，随时可以消失。万有都在，只是它以什么形式呈现。

23. 问：达到 N 维（N 趋于无穷大）最快的方法是什么？

答：所有达到 N 维（N 趋于无穷大）的最快的方法，都是妄想。其实当时间是变量的时候，快和慢一点都不重要了。重要的是，如果每个当下我们都跟意识的最高状态去连接，那实际你到 N 维（N 趋于无穷大）就是当下的事。因为只有当下才能跟高维连接，刚才、一会儿、过去、未来都是三维认知，在这个认知里你永远达到不了 N 维（N 趋于无穷大），所以快慢都是三维里面想的事。

24. 问：如果让一个初中学生来听您的课，哪些范畴会帮助并影响到这样阶段的孩子们？

答：很多小孩与生俱来就带着高维智慧。有一年我从美国旧金山飞回北京，我身边坐了一个八岁的小孩，我们俩聊了一路，话题是多维空间与外星人。我问他："小朋友，你人生最大的梦想是什么？"他说："我的梦想是请外星人来访问地球，我们地球人能够自由地去访问太空。"我说："你这个想法太美了。"这小孩一高兴，指着自己的脑袋说："这个地方的能量是最大的。"我说:"你这话不得了啊,爱因斯坦当年就是这么说的。"他特别高兴,拍着他爸爸的肩膀说:"老爸,我们俩说的事儿你不懂。"我去洗手间回来的时候,他爸把我截在路上说:"我儿子真的懂这么多东西吗?我怎么根本听不懂你们在说什么。"我就给他简单介绍这个理论架构,他说:"有道理啊!我怎么没往这方面想过啊!"

后来,我下了飞机,在北大开完会以后,当天晚上坐夜车去郑州,凌晨四点我突然从梦中醒过来。我坐在卧铺上,就写了一个课件叫"亲子智慧沙龙——从高维空间认识子女"。这里面的概念很简单,就是很多孩子带着与生俱来的高维智慧,我们这些被现代格式化了的父母和老师们,对根须饱满的老山参,拿了一把刀就去削,结果削成胡萝卜,不值钱了。其实我们的早期教育、初期教育应该学会怎么去呵护和唤醒孩子们与生俱来的高维智慧,然后在适当的时候,让他学会在这个时空的游戏规则和驾驭工具的方法。贯穿一体后,这个人才是一个完整的、活在现代的又能够跟自己内在智慧连接的人。

因为随着电脑技术的发展,我们把知识全部整理到云上,我们把机器人制造得比人强悍数倍,那么机器人和云端技术只要一关联,他们之间的搜索架构建构起来以后,可以说大部分人会成为机器人的宠物和奴隶。比如说一台会下棋的机器人,绝大部分人根本下不过它。因为只要出现一位新的大师,棋谱很快就传到云端，机器人马上就掌握了。机器人永远掌握人类顶尖的知识和技术，不打通内在高维的人在未来会成为高科技的宠物和奴隶。所以，我们的现代教育和未来教育，一定要从这个角度入手，一定是用宇端技术超越云端技术，宇端就是高维N维宇宙（N趋于无穷大）。

其实中学生、小学生，他们听这个比大人理解得通透。因为他们的很多游戏里面带着大量的高维信息。现在很多电影、文艺作品充满了高维描述，孩子们比我们大人更容易接受这些信息。我们这一代人，20世纪60年代的人，对生命、对科学的认知，大部分都停留在牛顿力学的概念。现在的孩子已经不是了，好多都是带着高维意识来的，他们比我们接触高维信息更容易。

25. 问：您怎么理解印度哲人所说的："开悟就像一个深渊，你跳或是不跳。开悟不会循序渐进地到达，因为所有循序渐进的事都属于头脑。"对于我们想要一瞥高维空间的人，心智成长似乎是唯一路径，但又觉察到开悟更像是恩典。对此您有什么建议？

答：印度哲人关于开悟的这段话其实是非常有道理的。实际上，开悟意味着我们超越我们有限的认知，如果你能跟现实生命关联的话，则会对现实有非常好的指导意义，如果你不能关联的话，就跟现实是一种完全脱节。我们想用现实的思想、思维逻辑去开悟，那是不可能的，因为我们现实中有时间是常量的概念，永远有着过去、未来、刚才、一会儿的概念，只要有这种概念在，我们就把自己困在三维状态里面，我们连四维都去不了，只有当下可以通达 N 维（N 趋于无穷大）。所以，所有的修炼修的是当下，当下此一念。

26. 问：请问老师证到多少维度？

答：所谓证到多少维度，其实都不重要，关键是你把自己的愿放在哪个维度，放在哪个境界。我们只有一个可能性就是把我们的大愿放到 N 维（N 趋于无穷大）那一点。只有放在那一点上的愿才有意义，否则你很容易在中间有形有相的层次上被卡住，所以中间的任何一个层次都不能使你停留，都不重要，只有一个地方重要，就是 N 维（N 趋于无穷大）。也就是只要我们明白人生的唯一目标在那儿，你见到的中间任何的相，任何的大师，任何的法门，任何的方法，都不过是你与最高智慧之间的助缘。所以，你既不会迷信也会不排斥，你的生命是在一个自在、喜悦、快乐的状态，又不被任何一个层次所障碍，只有在那个境界上可以形成当下的这种生命状态。你该是谁还是谁，你该什么样还什么样，但你的内在状态是完全不同的。你内在再也没有纠结，没有恐惧，远离颠倒梦想。

27. 问：请问学习艺术可以感受高层维度空间吗？艺术家灵性空间是否和高维空间同谐，达到天人合一？比如学习书法，如何打通高维空间法门？

答：所有的艺术家都是跟内在高维连接，才产生真正的创造力，创作出来的作品才带着真正的内在能量。书法，在书写的那个当下就与内在连在一起的，高维能量通过他的笔迹投影到现实，这个文字在那，当时书写时候的高维能量分布就在那儿。所以说经在佛在，经文在那儿，经文的能量就在那儿。道家画的符，其实就是一个能量投影，他画的符贴在那儿，那个场域就有那个符统御的能量。画画也是，真正修炼的人跟内在高维连接的时候画的画也是带着能量的。

音乐也是，如果在演唱的当下歌者真正处在与内在关联高维连接的状态，声音就会美妙震撼，人们叫它作天籁之音，它跟三维的感官刺激完全不同。到教堂里面，音乐一起，眼泪就下来了，为什么？因为那种灌顶，从空中降临下来的感觉，就是在高维能量状态。所有的艺术创作其实都是跟内在高维关联，人类所有发明都是来自高维的灵感。我们在现实中所有的成功抉择，大部分真正可以称得上成功的，其实都来自于直觉式的高维信息。

28. 问：因果如何消？

答：其实因果是消不了的。有因必有果，就像我们讲作用力与反作用力，有作用力必有反作用力，比如我打桌子的同时我的手会疼，打得越狠手越疼，大小相等、方向相反、作用于同一时间。到第四维以上的时间是变量，大小相等、方向相反、不一定作用于同一时间。但是，有前因必有后果，有了因以后果消失了是不可能的，这叫不昧因果。因果律谁都得承担，关键是承受因果的心态十分重要，重要的不是因果有没有，而是当果来临的时候，那个内在的状态。真正相信因果的人，当果报产生的时候，他会觉得这是我还了一大笔债啊！那是一种释怀，他一下就从那种纠结中出来了。不懂因果的人，觉得为什么我这么倒霉？为什么偏偏被我遇上？下一次又一件倒霉事砸过来他还会不能接受。因为他纠结。真正相信因果的人，不躲避因果，直面因果，他希望果报迅速地来，来了报掉就好了。所谓的"菩萨畏因，众生畏果"，真正修行的人，不想自己再造什么因，造了因以后还得还。一般人怕果，总想着千万别遇上什么倒霉事，其实他不知道任何倒霉事都是以前已经造下的业。

29. 问：大家都奔 N 维去，去了干什么？

答：这是一个描述。当我们的意识是往 N 维（N 趋于无穷大）那个方向的时候，我们在每个当下都有一股内在提升的巨大动力，让我们去超越我们当下的认知，使我们生命的每一个当下都充满喜悦、自在、快乐、幸福，充满创造力。未来是什么，那不重要。执着未来那是不了解佛教，不了解修行的本质。

30. 问：一般认为无穷大不是一个完成，而是一个趋势，即潜在无穷大，还是一个完成的无穷大？

答：无穷大是一个趋势，所以，它也就帮我们解释了"道可道，非常道"，解释了释迦牟尼所说的"谁说我讲的是佛，谁就是谤佛"，解释了"言语道断"。给了一个趋势，不是一个完成，因为无穷大完成不了。当把无穷大看成一个趋势来整体性描述时，宇宙整体其小无内、其大无外，你就可以理解整个宇宙的博大。

31. 问：每个人都是本自具足，是纯粹的正能量与爱，为什么这个合一的意识在叠加时会产生各种不同的认知障碍？宇宙意识本身会进化吗？

答：我们说"本自具足"的状态本来是一体的。一体是因为有了念，对念的执着反复叠加，就叠加出无数的存在状态。无数的存在状态并不是说有什么意义，是因为分别造成的，一旦产生分别，反复叠加就形成了现在这个现实的世界。一切烦恼、一切幻想皆源于分别，所有分别在每一个终端上感受到的是局限，是不自由，是受限制，是所谓的苦。

宇宙意识进化，实际上是人从下往上说的，其实真的完整的宇宙意识不存在进化的问题，只是你从下往上提升自由度的时候存在这么一种进化的描述。就像人类意识整体从三维转向高维这个概念，其实从彻悟的角度来讲，不是一步一步往上爬的。彻悟是离一切相，是禅的境界，它对中间过程其实都不感兴趣，它感兴趣的是离开了人就是最高境界的神。基督教在这方面用到了极致心法，它把四维到 N-1 维都省掉了，禅宗里面最究竟的法门，是离一切相。

32. 问：感觉我们大部分人都特别容易在"见到"的层面障碍一段时间，觉得好玩、有意思、好奇，等等，停留在那儿真的是很耗散，但每个人又似乎都会经历这个过程，就看怎么跨越过去，感觉真的只能靠自己的心性，外人说什么似乎也没多大用处。是这样吗？

答：关于在中间层次的执着、停留，有时候觉得挺好玩儿，其实当你有大愿的时候，中间所有过程你想怎么玩就怎么玩，你玩但不会执着，你不会迷信，你也不会花太多时间太多精力，你想验证就验证而已。只有把最高境界当成目标，你在中间层次跟任何大师见面的时候，你都会喜悦地接纳，但你又不会迷信，你不会有压力，你会尊重他的存在，你不会被他控制，他都是你成就的助缘。你想验证就验证一下，不想验证你就超越了。

所以，对于我来讲其实很简单——只要你敢说，我就敢信。你说出来你的实践其实就是我的实践，我一生的时间能实践的事太有限了！我相信另一个人的实践，他的实践就变成我认知的一部分，能帮我超越我的认知障碍，所以我不需要花我的生命去做所有的实践，当我相信所有人的时候，我活得很自在。你骗我，是你的问题；你骗我是你造的业，你自己倒霉。你真的骗我骗成了，那说明是我欠你的，还了就结束了。这样想的话你就心里没有任何负担，你很自然地去相信别人。如果我们老想着这人会不会骗我，那人会不会骗我，那我们会活得非常辛苦，你的自由度根本就无法体现出来，你也无法享受这种通透的能量状态。

33. 问：老师，我在催眠及系统排列的许多教学和疗愈经验里都获得高智能的音量与参与，所以我觉得对于许多人来讲这不仅梳理了朝向无穷大方向的障碍，还帮助其开启或者重新连接自性的能量，或者说让通道重新开启，所以我认为这也是突破三维局限走向无限高能量的似乎是必经之路。也许我的知见浅薄，请老师指点。

答：从催眠、系统排列中获得高维的引领，这是很正常的。这个高维是从哪个维度引领？他会不会被控制？会不会被某一层次的能量所控制？会不会对某种功能执着？对能力的执着会不会因为别人对你这种功能的羡慕，而让你驻足在某一种功能状态？这些都是危险的。如果你的大愿放在 N 维（N 趋于无穷大），是无上正等正觉，是与神同在，是天人合一，就没问题，那么所有的法门，例如催眠、系统排列、特异功能，或在别人眼里看到的怪力乱神，都变成你的助缘了。最关键的是我们把心住于何处，置心何处，这个很重要。

34. 问：可以理解为越成功的人他的能量状态越高吗？

答：这个要看你对成功的定义是什么。如果是有形的成功的话，成功可以是能量维度的一种验证，但在三维空间里得到的这种验证太低级了，其实意义不是特别大。在三维空间你是极致又如何？到第四维就成了无穷分之一了。真正的验证是内在高维空间的验证，这种验证其实更有意义。

35. 问：我读《金刚经》会泪流满面，为什么？

答：实际上很多人读不同的经文都会这样。这是一种能量共振的状态，是一种能量通透时候的自然呈现。这不是悲痛，有时是喜极而泣。我在打坐的时候一进入状态就流眼泪、唾液，是通透的、很舒适的状态。对部分人来说，可能还是排毒啊！

36. 问："所有一切无非是生活"这句话您以为如何呢？

答："所有一切无非是生活"是有道理的。因为我们现在是人，活在这个当下，所有一切都聚合在这个当下，聚合在我们现在的生命场景里面。你不在这个当下，你想过去想未来，都是妄想。那种妄想使你每一个当下都没有办法与内在连接。而当下里连接现实生活，它跟行住坐卧、吃喝拉撒，喜怒哀乐，全都有关系，当下就是道场，这叫即心即佛，一念天堂，一念地狱。

37. 问：我原来认为缘起缘灭就是天地之间的规律，想请教您是什么来操控缘起缘灭、因果循环的？人类何时能破解这些问题？

答：实际上缘起缘灭的原因是我们的内在认知，我们有什么样的认知就在投影源里建构什么样的信息系统，而这个信息系统投影到现实中来，投影到外面来，就是我们所谓的现实的像。这个问题在不同的宗教里面都有相应的破解，我们只是把这些破解连接起来，借用科学逻辑、借用投影和投影源的关系来加以描述。其实人类的破解不重要，我们每个人自己的破解才重要，因为当你自己破解的时候，你才能发现人类所有的智慧都已经帮我们破解了。而当我们自己没有破解的时候，你看所有的智慧系统描述的时候，你根本就看不懂，你根本不知道这件事原来已经被破解了。所以一切源于我们自己的认知，而并不是我们人类达到什么状态，人类达到的状态是我们自己认为的状态，我们认为人类的每一个个体都是具俱足圆满的，这个时候你看到人类圆满的部分一定远远大于不圆满，而每种不圆满都带着它的意义。

38. 问：刘老师您好！一些修得好的修行人会知道自己的大限和未来的一些事情，可以逆转吗？或者证果后可以逆转吗？

答：其实很多修行人，他只要修行，对自己的大限是会有所了解的，他能否逆转，要看他觉得有没有必要逆转。就像考试，到了该退场的时候，他觉得在这场考试中已经得到满意的分数了，他觉得他要去迎接下一场考试，那就不需要逆转。如果说，他要是觉悟到还有使命没有完成，还需要在今生的基础上提升，在这个时候他通过转念，是有可能逆转的，也就是说在证果后要不要逆转是由他当下的认知来决定的。

39. 问：如何才能找到引领自己明心见性的明师？现在的名师多如牛毛，明师者甚少，是这样吗？

答：其实所谓真正的明师应该是你自己。因为你自己内在是具足圆满的，如果你没有明白这件事情，你在外面找到的所有明师都是助缘，没有任何一个明师是能让你彻悟的，不管是有名的名，还是明白的明。当你不知道本性的时候，你就没有找到明师；当你识到本性的时候，你就找到了明师。找到明师以后，你自己内在本性的方向明确了，这叫悟后起修。方向明确再往前走，方向不明确你就不知道前面是什么。

其实在现实里，你遇到的师父、遇到的明师，也是你投影出来的，你的境界不在那一个程度的时候，你见不到那个程度的老师，所以这都是你的助缘，也是不让我们执着的。所有的助缘都是来帮助我们成就的。所以说三人行必有我师，其实每一个人都是我们的老师、我们的师父，因为他的出现就在帮助我们觉察我们的障碍，同时帮助颠覆我们的障碍。如此说来，明师处处皆是。

40.问：躺在病床六年的人，生活完全不能自理，但因为儿女照顾得很好，他也能呈现满足的状态，这样对他来讲是好还是不好？

答：实际这个好和不好，是相对的概念。如果说因为我们对病人的照顾，使病人呈现了祥和状态，它就是好的，因为他减少了病痛的纠结和纠缠。在更高层面来讲，如果这个照顾包括了对心灵的照顾，包括对心灵的唤醒，那就更好了。所以我们说让父母觉悟的孝顺，才是更大的孝顺，如果只是身体的照顾，而没有心灵成长的陪伴，那还不是很圆满。

41. 问：提升自由度就是打破认知障碍，那是否也可以说提升自由度是另外一种控制呢？是否是提高自己的控制度？是否控制跟障碍无穷演化下去，所以 N 趋于无穷大？请问自己提升了以后，无法被家人跟四周环境理解，反而造成家庭不睦，这是正常现象吗？

答：首先提升自由度是指一种内在对境界的描述，真正提升了以后不可能出现无法被家人和四周环境理解，反而造成家庭不睦的状态。因为家庭也是我们自己投影出来的，只要你投影出来的这一部分是这种状态，就说明你的自由度在这一部分没有提升，只有你把这一部分圆满了，你看到家人的自由度提升了，他们就证明你的自由度提升了。所以有人问我："老师，您看我在哪个境界呢？"我说："其实你看周围人在哪个境界，你就在哪个境界。"如果你自己的提升，造成了家人能量的降低或者看到周围的人没有提升，那你自己的提升也是一种假象，真正的本质是你看到周围人的提升，才证明你就真正提升了。所以提升并不是一种控制，而是一种超越，是对自己有限认知的超越。如果你认为提升是为了控制周围的世界，那你这种提升，提升起来的一定是魔。

在现实修行中确实有这样的现象发生，这种事情其实是当事人自己的题目。每一个人都有自己的生命题目，这个题目就在自己的身边，呈现在身边的亲密关系中。所以它并不是在一个单一层面上，而是呈现在综合层面上，只要你生命中有不圆满，就说明你提升的还不够，或是某些环节还卡在了有限的层面上。

42. 问：对信仰摇摆不定，对什么都信，说明是对什么也不信吗？怎么静心爱自己？

答：首先"信仰"这个词，如果我们能把信仰看成内观的话，那就更贴切，如果把信仰看成是外面的话，就会偏离，就会沦为外求。所以很多人讲信仰都是外求，而当我们知道那个信仰是内观，是在跟自己内在智慧连接的时候，就不至于摇摆不定了。因为你知道自己内在具足圆满，内在的佛性、神性才是你的本质，这个时候在哪个信仰里面、哪个法门里面都是你的助缘，都是回归你的内在圆满的。

43. 问：如何能够了悟今生的使命？人是否由物质走向精神？如果活着时没有能开悟，那么意识离开身体时能否认知到高维？

答：我们每生每世都有相应的使命，我们真正的使命就是面对自己的短板，那才是我们真正要完成的、要超越的部分，这些可以通过不同的事情来历练。现实发生的不同的事情，面对这些事情出现的障碍，都直接指向我们自己内在的缺失。相当于我们在现实当中，大部分人寻找的是一种五行相生的状态，这样我们很难看到自己的题目是什么，实际上我们真正成长的题目发生在五行相克的那一点上。为什么发生在相克的那点上？就是在那一点上不圆满，而那就是我们要超越的，就是我们的使命。

人实际上是从精神走向物质，不是从物质走向精神，也就是我们的意识有什么就会投影出什么样的物质状态。但我们人是颠倒的，总是认为我们在物质上没有得到满足的时候，就无法真正启动内在精神的成长，实际上这种认知是对物质和精神从属关系的颠倒，也就是说投影源决定投影的像，而不是投影的像决定投影源。如果希望我们靠物质的积累达到一定程度才具备了内在成长的能量的话，这是一个误解，就像有句话说："无财不养道。"很多人把这句话理解成你没有钱就谈不上去修道，等你没有后顾之忧了才可以去修道。这句话说反了。其实"无财不养道"说的是，没有一分钱不是用来修道的，没有一分钱不是用来成道、悟道的。就像火箭里装满黄金，火箭是飞不起来的，只有在每个空间装满燃料，它才能飞得足够高。所谓的燃料就是我们所谓的财富，我们把所有的财富都用来修行，都用来内在提升，这个时候才符合"无财不养道"。因为那是生命唯一的意义，我们所有的精力、所有的财富、所有的一切只有为这个服务，才能够最有效地在今生今世得到真正内在的提升。

其实所谓的开悟，不是一个持续发生的事情，它是在那个当下与高维连接，当有了这个连接后，对生命的方向有了理解，在离开的时候，就知道生命的去向在哪里，所以有句话说"朝闻道，夕死可矣"。也就是说在生命里你开悟过，对你整个生命的方向、生命的意义、灵魂的去向都很清晰了，这时候你一定是往高维去走，除非你在生命中根本没有过这样的认知、这样的开悟过程。

44. 请问老师：如何理解"天行健，君子以自强不息"？这里的"天"指什么？

答：这个问题问得非常好。"天行健，君子以自强不息"，这个"天"是指 N 维（N 趋于无穷大）宇宙空间，是提升维度的。这是乾卦里面的大吉里说到过上上签。说到群龙无首，所谓群龙无首就是所有的正弦波指向 N 维（N 趋于无穷大），这就是所谓的"天行健，君子以自强不息"，这是乾卦的核心。乾卦的核心是让人彻悟的，这就不难理解，为什么在所有现实的修行或者不同的宗教系统里，男人作为阳刚的代表，代表的是不断地修行；而女人代表的是承载，是能量在现实中的呈现，所以叫"地势坤，君子以厚德载物"，它体现的是意识能量和物质能量和谐的一种呈现状态。

45. 问：为什么说群龙无首，吉？

答：因为所谓"群龙无首"，龙是正弦波，当正弦波都向着 N 维（N 趋于无穷大）的方向去的时候，它就是无首，它代表着彻悟。

46. 问：动物在二维是如何提升的（到高维）？常说来生做牛做马（转圜），如何描述？

答：在很多修行法门里面，让我们珍惜人生，说这样在人生这个层面才能修行，比人低的那些层面都是很难修，这是什么意思呢？其实它是专门对人说的，因为我们现在是人，所以说人是最好的修行机会，是符合当下的。如果说某个动物是最好的修行机会，那我们人还修行干什么呢？如果说神仙是修行最好的机会，那人也会放弃修行。所以这是一个心法，告诉我们，你现在是人，就是你修行的起点。研究动物怎么修行没有什么意义。当然有人说黄鼠狼、狐狸、蛇它们也在修行，有没有这种可能呢？也不是没有这种可能，因为它们也是有三维意识的。所以说世间一切本自具足，但是它们也是我们人投影的，所以绕来绕去，又绕回到了我们自己。

47. 问：走上心智成长之路会感觉被边缘化怎么办？内心平和代表没有情绪、对什么都没感觉吗？

答：这也是修行人普遍面临的问题，以为只要修行就会被边缘，其实不是。修行人可以非常的入世，因为修行的目标是提升自由度。自由度的提升，不是不玩了，而是玩得更好，而更懂得遵守规则，同时又知道怎么驾驭规则。在篮球场上，篮球规则就是原则，所以在这个过程中，他能遵守规则，能很好地驾驭篮球技术。离开篮球场，到了排球场上，篮球规则与他一点关系都没有了，这就是因为修行达到的自由度。他不是不玩了，而是能玩得更好，他能够随时进入，也能够随时出离，这样修行就达到了如去如来的境界。从来不犯规的球员也不一定是好球员，所以真正修行好的人，他也不是不犯规，只是他不会成为规矩的奴隶，他可以驾驭规则、超越规则，在他需要的时候，在他内在成长需要的时候，超越规则是当仁不让的，但是他也不会随便超越规则，他不会浪费超越规则的权利。

内在平和才能对所有东西有高度敏锐的觉知，当你有高度敏锐的觉知的时候，你才会知道每一件事情对自己内在成长意味着什么。如果说内在平和是麻木了，这不是修行。真正修行的人是对现实、对周围的事情有高度敏锐的觉察，而这种觉察一定是关乎自己内在的障碍是什么，而不是去觉察别人有什么问题。

48. 问：一个常人对事物的无动于衷与如如不动是一种状态吗？

答：常人对事物的无动于衷跟佛家的如如不动本质是不一样的。实际上佛家所讲的如如不动，是真正地达到全然的高维智慧状态的时候，自己的内心不为所动。而常人对事物的无动于衷，是没有任何的觉察。佛教讲的人的内在成长实际是对周围的世界不断地去承担，而不是对周围的事物无动于衷，因为周围的事物没有一件不是自己内在的投影。生活在一种觉察的状态，随时知道周围的事情在提醒自己的智慧，这是佛家修行者的一种状态，而他又不会成为现实相的奴隶。佛家讲的如如不动是一种定，是因为维度的境界而产生的大定，而不是对周围事情的一种麻木状态，反而是对周围事情全然觉知的状态。

49. 问：刘老师您如何看待伊朗的 Keshe 科技？您认为它在未来十年内会真正改变人类的能源获取状态吗？

答：这个 Keshe 的科技只是向我们证明了一件事情，在这个宇宙空间，我们在三维认知的这些技术是完全可以轻易地从高维加以突破的，可以通过高维突破我们三维现实的一些认知。但是这些科技在现实的生活中实现，它本质的意义并不大。因为我们人类在科学技术上的发展同时也会引起人类更大的贪心，而且有可能给人类带来灾难，因为科技发展是人为，所有的人为都是违背自然的，都是违道的。Keshe科技在未来，在我们的三维空间也许会有一些现实的应用，但这个应用不重要，而这个事件的呈现只是告诉我们，我们是完全可以突破三维认知的，而这个突破应该发生在每一个人的内在，而不是依赖别人创造了什么。

就像乔布斯发明苹果机一样，苹果技术的发明过程，是他通透地跟高维连接而呈现出的自己的践行过程，这个过程中他自己会受益，但这个过程所产生的结果却使很多人产生了迷惘，产生了纠结、困惑，产生了障碍。所以从这个意义上说，它的已经存在的现实的实体意义并不重要，重要的是他在发明的过程里面给了我们一个启示：真正的高维信息是可以与我们的内在全然连接的，这个过程重要。所以一切发明的过程的当下有意义，而发明出来的结果没有意义。

50.问：可不可以分享一个您自己因投影源而改变投影像的例子？

答：在现实生活中我极少用实际的案例。为什么不用案例，是因为现实中的人太容易模仿案例，当我们去模仿案例的时候实际上我们就已经被误导了。因为没有任何一个案例可以被全然地模仿、全然地复制。我们只是借这个理讲这件事，让我们每个人自己去悟、自己去证，你不需要模仿任何人的成功案例，所以现实中我基本不讲案例。如果有人想用他自己的事情来证明什么，那么可以直接地单线地沟通，一对一地沟通，在那个当下能够感受到彼此能量的共鸣和共振，而产生一种当下的彼此的唤醒，这件事情有意义。而在现在这个状态中去讲一个案例的话，有可能会误导各种人，因为每个人看一个案例的角度不一样。

51. 问：人本自具足，如何解释有的人一出生就有精神、智力、肢体的残缺？

答：这里讲的本自具足，不是他所呈现的现在的生命状态的本自具足，而是指他内在智慧实际是本自具足的。每一个人呈现的出生时的状态，实际上反映了他选择了什么样的人生题目来到这个世界。这个人生题目可以出自他的身体，也可以出自他的认知，或出自他对这个世界的理解。这个生命将演绎出他这一场考试所面临的题目。但是这场考试的背后，他的内在实际是具足圆满的。而由于他的认知创造了他在现实中的生命状态，这种生命状态可能是带着疾病，可能是带着有限的认知，带着灾难，同时也可能带着他的地位、他的荣誉等等。

52. 问："我心即宇宙，宇宙即我心"，那么是我们所有人共同拥有一个宇宙，还是我们每个人都和自己的宇宙是一体的？

答：当 N 维（N 趋于无穷大）的时候，整个宇宙是合一的——也就是说所有的投影源都来源于那儿，我们都是这个投影源投影出来的像，所以在那个境界上就是合一的。而任何一个质点中，具足宇宙中的所有信息和它们的相互关系，所以在零维也是合一的。而零维和 N 维（N 趋于无穷大），二者所说的是一回事，它们也是合一的，所以真正的合一是全然的合一。

53. 问：感恩老师！能否简单分享一下您的心灵成长经历，谢谢！

答：简单地说一下我的心灵成长经历。在上大学的时候，年轻的我对这个世界的很多特异现象、各种神秘现象感兴趣。但那个时候得到的所有的答案，都不能让我从逻辑上认同。或者说，我的知识并不支持对这些东西的理解。我是学光学的，所以就试图用数学、物理学对这些所有的特异现象和不同的东西做解读。我茶余饭后最大的乐趣就是和别人交流这些问题，而真正的乐趣是被挑战。因为一个问题提出来，如果当下答不出来，我发现这个问题的答案几乎会在一个小时之内进入我的意识。当我学了禅宗以后，我发现原来这个叫"参话头"。原来这件事情实际给了我一个非常重要的启发：我们内在具足圆满，所有事物的答案，你可以从你内在找到。

那么，为了证明和去验证相关理论之间内在的关联，我进入了所有有缘进入的宗教和修炼法门。我进去其实只做一件事情：寻找相同点。我将它叫作求同尊异。而这种所谓的求同尊异，就是让我们自己相信、承认一切宇宙存在的时空合理性，尊重一切存在的时空合理性。我发现这个歪打正着地让自己在不同的智慧系统里获得滋养。它有一个特别好的效果：就是保证了你不会邪。因为当你从不同的智能系统里找相同的东西，你无处可邪。而在现实中去践行求同尊异，是我一直秉持的宗旨，也就是你能不能在现实中，尊重每一种存在的时空合理性。这对于每个人在现实中为人处世、做事都是一个巨大的挑战。

54. 问：在您求证的过程中哪个人或哪件事对您启发最大？

答：在不同的人生阶段，其实我们面临着不同的挑战，也会遇到不同的启发和际遇。记得对我影响比较大的是一个师父的一句话，他说："刘丰，你这辈子遇到的所有事情都是为你设计的，所以在所有问题面前，问你自己一个问题，这件事在告诉你什么？不是用世俗的逻辑去问，而是用你内在成长这个角度去问。"我发现这对我有很大的帮助,也就是说它能让我第一时间从我当下的角色中跳出来,以一个旁观者的身份去试图读懂我人生面临的这道应用题。当我能读懂这道题的时候,才有可能做它。可是我们经常大部分时间,是把一道数学题当作语文题来做,当你读不懂题的时候,就做不出来了。

55. 问:如何才能让自己在每一个当下喜悦、自在、充满创造力?而在个人成长的过程中产生了各种幻觉,又该如何处理?

答:记得我在课里讲到了入世心法:信、愿、行、证。当我们真正地相信本自具足,立无上正觉大愿,也就是与神同在、天人合一的大愿,而在现实中每个当下觉察、反求诸己,不断与高维的内在智慧连接,同时用我们的直心面对眼前的一切,用直觉去做判断,来验证我们本自具足,发现我们的认知障碍时,这就是我们的所谓入世心法。而所有的入世心法,真正启用的时候,一定是要在一种高维实验条件下来使用它。

所有的高维实验条件汇集起来有五个发音为"Jìng"字,干"净"、安"静"、恭"敬"、"镜"子、"境"界和环"境"。这五个"Jìng"字构成了我们高维的试验条件,构成了我们入世心法所必需的一些条件。当我们有大愿的时候,当我们相信本自具足的时候,基本上不会执迷于所谓的幻相,也不会执迷于外面世界所呈现的不同法门的那种功能,或者把我们的心放到我们的外面,去求所谓的大师、所谓的各种各样的以功能作为目标的法门。这样我们才能真正无限地从我们的内在获得智慧,就不会被幻相所引导,见到的所有的幻相都变成助缘,不会执着在它上面,并能很容易地超越它。(入世心法具体内容详见第八讲)

56. 问:老师好!我注意到,在您的系统工程中,很少提及一个概念和其具有的能量"魔",请问您怎样用科学的语境来解释"道高一尺,魔高一丈"?谢谢!

答:所谓的魔,全是我们内在的幻相,或者是我们对中间任何一个维度的执着,这个维度所呈现的相,被称之为魔。当我们不执着于任何一个中间层次的相的时候,我们就超越了一切心魔。所谓"道高一尺,魔高一丈"中的这个"道",其实是指我们所能描述出来的道。只要是我们能描述出来的道,它都不如我们的心魔高。因为心魔实际就是我们的认知,就是我们的认知障碍。你障碍在哪个境界,你对道的理解也只能在那个境界,所以,"道高一尺,魔高一丈"。你的心魔永远是你内在呈现的最高境界,而当我们的内在呈现全部被超越的时候,我们才能跟真正的道连接。这里的"道",已经不再是我们所理解的道,而是那个"道可道,非常道"的道。只有我们内在真正给我们自己一个指令,也就是我们的愿力,才能超越自己的心魔，因为心魔全是所谓的业力，也是我们的固有认知。

57. 问：老师，请问您的多维理论怎么理解星座、血型和生辰八字？

答：天上的星星，是高维能量进入三维空间成像的焦点，就像透镜有焦点一样，它跟我们的穴位是对应的。我们的穴位，也是高维能量朝向我们身体的焦点。伏羲观天，看到的是组成我们这个三维空间的主体能量进入的那些星星的位置。所谓"星座"，就是同样一组星从其位置进入整个我们这个三维空间的那些能量构成同一种类型的人。所以，星座本身是跟高维空间连接的通道，星座算命也有一定的科学道理。而血型，则是我们内在存在的信息的一种呈现。我们身上的任何部位都带着全部的信息，通过我们的任何一种呈现，都能找到我们所有的生命信息。

所谓生辰八字，是指我们的纵向能量、时间能量的分布和横向能量的分布在我们出生的那一刻、那个投影的交集。也就是在出生的那一刻，从第四维看三维空间一切的投影像，它是注定的。所以通过八字不难算出，我们一个人在今生今世什么时候得什么病，什么时候见什么人，什么时候遇到什么事。从四维看三维的能量分布，一目了然。就像我们从三维看一个二维投影的时候，我们一下能看到它的全貌。

58. 问: 古语道"天雨大,不润无根之草;道法宽,只度有缘之人",这与您的求同尊异是否矛盾?

答:所谓"天雨大,不润无根之草",这个根在哪儿?指向的应该是自己。有缘无缘,指向的也是自己对这个宇宙高维能量的关联和我们对有限维度的执着。当我们外求的时候,总是把这些东西放在外面;当我们内视、内观的时候,其实这些东西是跟我们内在相关的。而求同尊异,实际讲的是一个本质,也就是在我们的投影源里,一切都是相同的,而在投影的像上,一切都可以不同。这就是告诉我们,投影源里是解决一切问题的本质。如果你不把你的眼光回到投影源里,那就是无根的草。

59. 问: 据说听某些 α 脑波音乐能深入潜意识并能改变甚至重写潜意识的内容。那么修行岂不变成听音乐这么简单了?关于潜意识您怎样认为?

答:其实音乐就是能量波,音乐能量波对整个空间能量波有着它的调制作用。但音乐能量波也有它的来源,在不同维度上来源的能量波,对我们有着不同的调制作用。有些来自高维的能量波,如果他没有真正跟你的觉悟相关联的时候,它很有可能让你执着着迷。所以,有些音乐能令人上瘾,也就是说它会让我们在某一种的音乐能量调制下,障碍住我们跟内在圆满智慧的通透。所以，音乐可以调制我们的意识，这是明显的，是完全可能的，但是我们是否执着于有限层次的这种音乐关系上呢？只有当你有大愿的时候，你便可以超越这一切。

我们三维空间的信息被称之为意识，三维以上四维信息，或者三维和四维临界态所呈现的信息，被称之为潜意识，而四维以上通达N维（N趋于无穷大）的信息，我们称之为超意识。

60. 问：上古之人心灵纯净，他们都达到了N维了吗？

答：所谓的上古之人，看你是从哪个时间段去计算。如果你是从投影源里来想的话，真正的投影源来自于N维（N趋于无穷大），跟古今没有本质的关联，因为古今都是我们的三维认知。所以，所谓的上古，只是我们对能量在三维呈现的这种初态或者简单态的一个基本的描述，就像"亚当-夏娃"、"伏羲-女娲"实际是正弦波，是正弦波的拟人的描述而已。这种描述只是用拟人的方式来表述我们整个宇宙生命开始存在以及演化的整体过程。

61. 问：刘老师，这套理论如何避免唯心宿命论？

答：所谓唯心宿命论，是对宇宙真相的不理解，对生命意义的不理解，它并没有通透地理解：生命的意义是内在的精进。而内在的精进是可以投影出现实的实践活动的，人类现实的一切实践又都是帮助我们悟道的。也就是说我们现实的每一个活动，其背后都带着让我们领悟宇宙智慧的无穷无尽的动力。所以修无止境，内在精进是永不停息的。当我们真正地了解到这个概念的时候，就绝对不会宿命消极。就像在考场一样，我们绝对不会懈怠，而会抓紧每一分、每一秒，来完成我们生命的考题，而每做一道题的时候，我们内在产生的就是喜悦。

62. 问：老师，现在几乎所有人，都会把更多的注意力投入到手机、网络上。可是手机、网络是不是一个二维空间？也就是说大家从三维降到了二维。所以我想从生命维度的角度，请教老师怎么来看这样的现象？

答：确实，手机、网络是二维的，但是很丰富多彩，尤其是很多家长说孩子们爱玩游戏。为什么他不在现实当中读书、争取现实的快乐，而是把时间、精力放在二维世界里面？因为在三维世界里，他得不到认可，得不到价值的体现。而在二维的世界里面，他得到了。

一般人都有一种本能，他要认同自己的存在感。可是在现实中的存在感，被我们现实的游戏规则锁定了，固化在一个很有限的空间里。而在手机的虚拟空间里，他可以扮演任何角色，他的存在感可以在那个地方得到一种满足。我们活在多维世界里，三维四维二维一维是自由切换的，不管在哪一维度得到了成就感，都会有快乐的感觉。在现实中做不了的事情，在游戏、网络世界里可以做，但是也很容易着迷。很多人玩手机、玩游戏上了瘾以后，就不知道在现实空间里怎么做人、做事了。

虽然手机、网络的这个平面是二维的，但是如果你把它用来提升你的维度也是可以的。比如疫情期间，我们只能在网络上学习、听课、对话。如果你仅仅停留在二维世界里，忽略了三维以及更高维度的世界，忽略了你的德行和生命的自由度，没游戏玩、不看手机你会受不了，然而天天玩，那就会一直往下降。所以，能不能用二维世界的材料，让你的生命在三维世界里面得到提高，这是关键。维度低不一定是坏事，如果你依靠这些来提升你的能量自由度，就是好的。世间只要有相的东西，一定是有正负两方面的。你能够善加利用，它全都是好事，不善利用的就成了坏事。三维世界也是一样，三维世界人与人之间相处，如果互相帮忙、互相鼓励，就都是好事情。

现在，手机、网络上越来越多的内容是超越三维的。电脑软件可以把时间变成变量，它可以把时间高度压缩，让信息高密度地呈现。虚拟世界跟现实世界其实没有分别。我们以为今天活在这个现实里，这个现实是真实的，我们的梦境是幻觉。其实它们是高度一样的，是一回事。网络的虚拟世界打破了我们在现实世界认识的时间、空间，它给了我们一个更广的、更自由的空间形态。真正懂得玩电脑、手机的人，例如那些编程的人，他们实际都有高维智慧，他编出的很多东西是超时空的，是帮助人类超越三维认知障碍的。

新一代人是带着与生俱来的高维智慧，他在这种生命状态里面还要持续地提升和觉悟。这时候我们怎么通过现代的通讯工具，让他在这个过程里获得智慧？这才是我们看待它的意义。因为你排斥不了，所以手机、网络是三维空间的一个普遍趋势。网络是一个很大的空间，在这个空间怎么去引导他人？比如现在的孩子们带着与生俱来的高维智慧，他潜意识里知道学习知识没什么用。因为今天教给他的知识，一搜索就全都能搜得到。他学再多也没有办法比网络上的知识多，学技能他学不过机器人。但是网络又给了他很多，把他全部的注意力、全部的精神，都吸引过去了，所以他会着迷。这个时候，我们的各种人类智慧系统，应该把手机、网络这些工具用起来，把它们变成法器，至少通过内容让人产生真正觉悟的法喜。真正的正法，一定要把所有的存在，全部转化成法器，全部转化成引人觉悟的东西。这是我们这个时空里真正修行人的使命。

63. 问：老师可以描述一下，不同维度指代什么吗？

答：我一直有个很重要的话题想和大家分享，关于维度。

偶尔听到有些老师跟大家说:"我带大家体验四维,进入四维,你要考虑好,要不要回来啊!"坦率地说,维度只是一种说法,如果太执着于这个说法可能会产生法执。如果真的要了解维度,我借用科学语境只讲这四个维度。

第一个维度:三维——我们有丰富的三维体验。我们讲三维,是因为大家在三维空间有丰富的体验,可以找到很多印证,所以从三维说起。

第二个维度:四维——帮助我们突破三维的认知障碍。讲四维的唯一目的,是帮助我们突破三维的认知障碍,而不是让你获得四维功能。因为三维认知障碍是最强悍的认知障碍。就像我推这个桌子,我推的那一瞬间,用的力是最大的,只要一推动以后,就不需要用大力。我们突破三维用的心力是最大的;一旦你突破了三维的挂碍以后,再提升的时候,就没有那么多的挂碍了。如果你是以拥有四维功能为目的,提升到四维的话,这是迷信,也是障碍。凡所有相,皆是虚妄,三比无穷大等于零,四比无穷大也等于零,任何有限数比无穷大都等于零。所以停留在任何中间层次的显化,都障碍了我们持续提升。

第三个维度:N维(N趋于无穷大)——终极目标。那么我们讲完四维,直接就讲N维(N趋于无穷大)——那个终极的目标。你不用一步一步、一维一维地爬,那是经历不完的。你想一想,有的人这辈子提升一维就了不得了,下辈子到五维，再下辈子到六维，那你得要多久，才能走到一百维；那一百维在一百零一维前面又是什么都没有。所以讲完四维就直接讲 N 维（N 趋于无穷大）那个终极目标，让你超越所有中间层次的图像、功能和感受。所有的"形而上"都是你自己悟出来的，不是别人告诉你的。谁要是说我给你讲出形而上来，那就已经是形而中或形而下的表达了。所以"形而上"是每个生命自己悟出来的，是以你自己内在的智慧来开启引领你自己的。

第四个维度：零维——本自具足，无分别。讲完 N 维（N 趋于无穷大）再讲零维，因为零维和 N 维（N 趋于无穷大）完全一样。它包括了所有信息和它们的相互关系，属性完全一样。零维与 N 维最重要的共性是什么？三个字——无分别。零维零分别，N 维 N 趋于无穷大没有分别，只要有分别，就在中间显化。在中间显化的所有都没有根本意义，根本意义在于从 N 维（N 趋于无穷大）到零维合一的状态，这样我们就不会执着在任何中间层的显化里。

所以，借这个问题，我们把最重要的四个维度给大家解释一下，这只是一个表达。当你执着于这种表达，想从一维一维往上去修炼的话，其实这会变成一种妄想，甚至变成一种执着，这种妄想和执着都需要破掉。

64. 问：如何选择适合自己的职业和事业？

答：很多人把职业和事业融为一体。比如学习时涉猎的专业在毕业时就用到了自己的职业中，如果在技术和职业方面都和自己的专业契合的话，就逐步形成自己的事业。

其实职业和事业也有不同之处。职业是每个人在现实生活中扮演的角色，经济上的回报和衣食住行的基础。如果仅仅是为了生存，则职业不能称之为事业。职业不同于事业，如果是一生为之努力的，带有普遍社会意义的事情时，就是事业，事业的涵盖面比职业更广泛，并有内在含义在其中。

现实中的自我实现大多是从进入职业角色开始的。职业和事业都是人的自我实现的台阶。最基本的自我实现的过程是从进入社会，找到职业定位，在发展中慢慢找到适合自己发展的事业。其中有一个重要环节，那就是每个人都有内在的选择，这种内在选择跟自身内在的意识能量结构与层次是相关的。每个人都会对自己的人生结构做一个选择并设定目标。其实这个目标是人生自我实现的目标，为了达成这个目标，有很多种路径可以选择。职业就是这个路径选择的开始。

很多人在从事不同的职业，但是这些职业也有某种共性，比如从事技术工作的人，往往他一生的工作都会围绕和技术相关的，即便他所从事的事业范畴会越来越宽，但一直持续会有这方面影子，也就是将某种工作性质作为一种载体的时候，这部分的性质就成为他自我实现的台阶,一步步在变化。

从历史看,人类文明发展的不同时代,职业的特征会有很大不同,随着时代发展,也会衍生出很多新的职业,职业也是我们在不同的人生时期需要的游戏规则。比如,"三十而立"就是我们对游戏规则有所了解以后,选择了适合我们发展的职业。说"适合"两个字,其实已经很幸运,因为很多人的一生并不一定真正找到了适合自己发展的职业和事业方向。

我们人类的整个发展过程中,越来越向以物化为导向的方向发展。我们越来越不是用内在智慧选择我们的职业和发展的方向,而是被表象的物化的需求所导向,而这种物化的需求也越来越变得虚化了,就是被一种公共的能量表象状态,即被"时尚"所左右着。很多人在选择职业的时候,是在看职业给我们的物质回报是怎样的。比如某一类职业现在看是比较挣钱的职业,那就会有很多年轻人在选择职业时有一种趋势,向这个方向做。

很多本来有文学造诣的人,但是由于当时大家认为拔尖的好学生是学理工科的,所以他们也使自己屈从于这种趋势,而选择理工科。所以,找到自己适合的职业方向是人生重要的一个方面。有本书《全力以赴》,它的副标题是"让成功战胜迷惘",扉页上写着"人人都渴望成功,人人都有可能成功,人人都能成功。"它用一个很简单的逻辑跟大家解释,我们往往在选择职业的时候，是依照别人的意愿在选择，而不是在选择自己适合的事情。

家长、朋友、当时社会大众的潮流想法使得我们选择了职业以后，在职业角色中的发挥不是最适合的，不能做到享受职业带给我们的乐趣，只能变成谋生的手段，周而复始地重复劳动，创造力很难体现出来。

如果一个人很幸运地从事适合自己的职业，就会很享受，包括物质和精神生活两部分。

在职业生涯里面，真的找到了方向，并转变成人生的事业，最终获得自我实现。内在和外在的和谐会使我们的心灵能量在现实的角色状态中充分发挥与体现，人在这样的状态下，创造力是非常明显的。在职业或事业的每一个阶段，会有至始至终的强大动力，同时能在每一个环节产生巨大能量，并对自我产生有效认知。

在事业发展和职业生涯中，我们的职业角色也是在不断变化的。我们一直有机会去调整。

在规划好的道路上能看到未来的走势，这就是职业角色，职业角色在每一个阶段要有符合当时阶段的定位。人一定是活在当下的。很多人有这么一种情况，当他扮演他当下角色的时候，比如还是一个工程师的时候，他还考虑很多自己角色之外的问题，有时会产生一种错位。

考虑职业之外的问题是很普遍的现象，不能全神贯注于自己职业当下的角色，对别人的岗位提出很多评论意见，而回到自己的岗位时，又往往达不到很有效的境界。原因就在于，人在没有真正找到适合自己的职业时，会向自己具有某种敏感和优势的角色或方向去引申，但往往我们不自觉这一点，这一点应该给我们很多启发。

我们的职业兴趣、爱好会不自觉地引领我们向适合的方向发展。当我们做自己不喜欢的事情时，我们的内在实际是激发不起与我们内在智慧之间的共鸣的，我们天天纠结在矛盾的心理冲突关系里，根本无法激发内在本自具足的能量体系。一个人，可以通过"热爱"进入自己的内在，找到自己生命中能够共振的人事物，这个时候，他就是在不断地验证内在的具足圆满。

附录一 探索『开启你的高维智慧』

汇入到人类意识纵向提升的宏光大愿中

遇到刘丰老师和《开启你的高维智慧》是我心想事成的一次印证。

这件事要从头说起，2002年12月12日12点钟，我经历了一次濒死体验，就像是一份宇宙赐予我的丰厚礼物。当我离开无比绚丽的光，从充满爱的襁褓频率中被撕裂出来时，我坠落回三维世界那个冰凉的躯壳中，望着漆黑的天花板我发了一个大愿：哪怕我要以重拚万死之力也要找回那个绝美的天堂，那里才是我的家，我要找到回家的途径。

开始饥渴地阅读，我希望从圣经、古兰经、佛经及所有与生命终极实相有关的著作中寻找答案。接下来，我废寝忘食地奔波于欧州、美国，总之我把每一分钱都花到各地的心灵成长课程上。默默地启程直到今天我在艺术与心灵成长的道路上已经走了18年。可是我并没有再次回到那个绝美的天堂。我的直觉知道这绝美的天堂只能存在于我的心中，然而心智概念上我却无法解释。一天，有个亲戚转给我一个录像，并且加了一句：你好像最喜欢这类事情。打开后，这个视频令我兴奋不已！刘丰老师用最简单、最精炼的三维科学语境，在我的心智上呈现了一个台阶，它是迈向更高维度的更高视角，也是一束人类纵向突围的光之途径。当时我还在法国，对自己发愿说：联合更多像刘丰老师这样的大彻大悟者，携手成就这次人类在意识上的提升，2017年，也就是我发愿后的第12天，我真的见到了刘丰老师，就在12月。

如刘丰老师所说，在宇宙中描述智慧的系统有无穷多个，其实任何一个人都有可能创造出新的系统。是的，世界上每一个追求心灵成长的人，都希望相信他们学到的是一个千真万确的真理！就拿我四十多年的创作生涯来看吧，艺术就是我独特的修心法门。记得1970年代初，父亲任教的大学后面有个植物园，当时我13岁，常常整天逗留在植物园里，在那里欣赏各种花草昆虫，我观察蜜蜂如何在玫瑰花上采蜜，我盯着小蜜蜂们，屏住呼吸观察它们每一个细小优雅的动作。这段生活是我与神圣生命合一的第一个启蒙经验。为了使这个世界更美好，我庄严地面向花朵和小蜜蜂们，发了一个天真幼稚的大愿："我要把自己能看见的一切统统画成美好的！"从此，拿起画笔一气呵成，我以"直觉"和"心"为坐标，艺术为载具，开始了长达四十多年的探索。

自1970年代起,我开始不按社会喜好的题材创作,当然我对自己的作品越来越费解,可是我依然坚持用这种发生创作。时隔10年甚至20年以后,忽然我开始领悟到,那些作品里面蕴藏着更多的"高维"信息。这就是刘丰老师在《开启你的高维智慧》书中所说的"每个生命的层次不只停留在三维,还有更高的维度,这种多层次的生命状态,站在三维空间其实是无法理解的,但是我们站在整个宇宙看的时候,会发现我们老祖宗给出的智慧早就把生命的层次向我们讲清楚了,只是从下往上看,我们看不懂,只有站在整个宇宙观的时候,我们才能看到生命不同层次演绎出来的事件,看出它不同的意义。"

如此我明白到,为什么每次在创作中我会喜悦,作品完成之后我会惊讶地问自己:这难道是我画的吗?艺术是一次次好奇的历险,是一场场热情的空生妙有。艺术从来就不是谋利的工具,艺术天生具备灵动的高维属性,因为艺术是表达生命总体最高情感系统的枢纽与零件。我一直拿自己当作一只"小白鼠"在心灵艺术科学的实验室里探索。难道艺术不是人类灵性科学的一个法门吗,反正我在那里折腾了自己四十多年。结果,我的内部世界变得五彩斑斓万物复苏,不再在乎任何非议地去创作。放弃了强化"我"的重要性,把"我"转化为"我们",如此分离的幻像豁然被内部一种强而温柔的光充满,使昨日的陈糠烂谷子瞬间瓦解。但是,从逻辑层面看这个过程,又如何定义呢？刘丰老师在书中是这样阐述的："所有呈现的事物全是投影的像，在现实中没有任何一种呈现是真实的，它全是假的。只是它的假有相对性，相对于二维的图像，三维是真，二维是假。相对于三维来讲，四维是真而三维是投影的像，是假。如此依次递进。N-1维是相对的假，N维是相对的真，只有N趋于无穷大时它才是绝对的真。在那个绝对真面前，一切成了绝对的假。"刘丰老师对终极实相的归纳，如同一把钥匙，咔嚓一下打开了我的心，艺术可以作为灵性成熟之道上一个多元化的方法。同时，我发现回家的途径不再是一条漫长艰苦的路，也不是一张神秘的羊皮地图，是需要从古老的巨龙口中偷回来的寻宝蓝图，它只是一扇天窗，这条回家的途径是纵向的，当下的。现在就让我们一起汇入到人类集体意识纵向提升的宏光大愿中吧！

李爽作品

最后，我把我写的《一封地球母亲的留言》作为庆祝的礼物送给《开启你的高维智慧》的再版。这是我在完成了一幅名为《大地之母》作品之后写下的。现在公布于此：

在我还是处女的时代，在那浩瀚无垠、天圆地方的时代，我与神一起唱着天籁之音来到地球，我曾许愿滋养人类与万物，并将带着人类一起回到祂的怀抱。

于是，我，大地之母，我将自己篮莹之体置于生命的火焰中，为之发光。我向太阳展示我的丰润，献上我翡翠般的绰约多姿。我亲爱的孩子们，你们可知道我是有灵魂的，我是活生生的，我是有气息的，我敞开爱的胸怀准许你们在我的身体上繁衍，成长，我陪伴你们与我一起升华。我的血液在你们的船舶、汽车、火车中燃烧，我的骨骼支撑着你们的大厦与家园，我的肉体在供养给你们身体所需的五谷杂粮、水果蔬菜。

水晶是我的内脏，正以首饰的模样，影响并且协助着你们身体的情绪波频，黄金正在维系着你们的电脑和更高功效的未来电脑。就在昨天，亚马逊的腹地，我的肺部已经被点燃，熊熊的燃烧着，我艰难地喘息着准备咽下最后一口气。我亲爱的孩子们，你们感觉到了吗？你们知道了吗？你们看见了吗？是的，你们之中有许多灵魂都听到了我的呼喊，并且与我一起大声呼喊！然而，我，大地之母正在离开你们，因为我的身体已经奄奄一息了！为了给你们一个更好的灵魂栖居地，我需要去旅行。我亲爱的孩子们，下一刻请跟随我至宇宙的海角天涯吧！

艺术家李爽

2019年12月2日

向内觉察是提升的法宝

我生命中最大的荣幸就是能够在茫茫人海中遇到刘丰老师和心能缘平台。三年来，从着迷刘丰老师的书籍，到在平台上每天跟着团队的步伐写21天至简心法觉察日记,再到跟着禅创学社推出的各种课程,从头到尾也没花几个银子,也没感觉到自己是多么努力,生命状态却实现了蜕变,我每天从疾病、错案、冤债、被骗、感情受创等这些在其他小伙伴看来简直是倒霉透顶的相上超越出来,修复着自己,感悟着本自具足,每天开心喜悦地呼吸着,生活着,创造着,爱着……

刘丰老师和心能缘平台是个藏宝库,什么宝贝都有。我最受益的是至简心法。它给我带来的最大的改变是把"求同尊异",慢慢变成了和呼吸一样的习惯。

我们人生大部分有效时间是在单位里和来自不同的阶层、家庭、背景的伙伴们相处的。如何由内而外的真和谐历来是个难题,特别是我所处的这个小知识分子团队,平均年龄是59.4岁,各种肝癌、肺癌等职业病高发。现实生活中遇到冲突和纠结,我是这样做的。

举例说明,办公室某位来自乡下的同事A每天把自己的女儿从幼儿园接到办公室,年幼的孩子自然是天性好奇,多言多语,给其他人正常办公带来困惑。面对这个相,B找上级领导反映,C找这位同事本人半开玩笑提醒,D每天离开办公室躲开,E和F背后议论,但A始终坚持认为自己没错,还委屈孩子没地儿去呀,没老人帮忙呀,哪有钱请保姆呀?其实A只要带着自己的孩子任意找个教室呆着,就把这些矛盾都化解了，但她就是坚持每天带着儿子和女儿挤到办公室里。所以大家只能每天情绪满满地面对，氛围极其尴尬。

这个相，是一个非常好的修炼。因为只有从内在，回到投影源去化解这唯一的出路。刘丰老师从不同的角度讲过：三维世界要和谐，就要人法地，就要地势坤，就要君子厚德载物，就要用"求同尊异"这个原则来面对各种不同于"我的理解……""我的做法……""我们家都是这样……""我历来是……"等各种各样的相。

每到这个时候，我立刻实施人工造云，天空立刻飘来五个字："这都不是事"。刘丰老师"大愿引领""正信不斜"两个高级软件立刻自动运行。我就想：这是菩萨母女来助缘我，她俩在演戏给我！第一提醒我自己要马不停蹄地回投影源，提醒我此生唯一有意义的事情就是提升维度。瞬间，我就会把这个相化解了，神奇的是，我会怀有感恩的心：谢谢菩萨母女每天来提醒我！我会拿出好吃好玩的给孩子，会发自内心的逗"小菩萨"几句。

菩萨母女每天演这个戏也是在让我自查检视我的投影源究竟在哪个维度。它在神奇的显示出我的维度是在分别心满满，念念愚怨的维度呢，还在在念念清明，念念善存的高维路上。菩萨母女在提醒我：善护念，莫下念！当能把这件事情背后的意义看明白的时候，我怎么还能对这对母女升起烦恼呢？我只有满满的感恩，满满的爱！

这个相如果不从内在化解，不用心法化解，那结局一定是同事矛盾满满，上下级矛盾发生，各种情绪带来的疾病一定会接踵而至，还有各种微妙的较劲，宝贵的人生耗费在这些鸡毛蒜皮的事儿上，那就太遗憾了！

21天至简心法这个法器，会帮助我们化解各种生命中的纠结，更是化解各种难题的神器。祝福更多的人能够从刘丰老师和心能缘平台用最小的能量输出，获得最大的人生收获！祝福每个生命都活出内外和谐统一、交响共鸣的生命状态。获得内外和谐统一的大圆满！

以下内容为方太静的至简心法觉察日志节选内容。

备注：方太静老师的工作是老师，她的很多日志是与她的学生之间的互动。我们节选了三篇分享。

2019年11月4日

觉：自己器重的一个学生最近字迹潦草，严重到家庭作业被单独拿出来的程度。想把她叫过来问问情况，然后"对症个药"，"谆谆教导汤"不奏效，就是"批评大药丸"，实在不行就是"检查吊瓶"伺候上，估计和家长共同联合会诊动手术这绝杀技是用不着。待启动时想，何不回投影源会诊呢？因为，能看到这个相,说明有病的是我,不是孩子。不看不知道,一看吓一跳!

悟:看到了自己的不允许。更看到了自己想习惯性地运用各种知识进行说教的低维无效认知。

行:下指令:①无条件地允许一切,接纳一切。②无条件地包容,原谅一切。③无条件地共振向上的能量。④无条件地呵护和陪伴。

证:①不分析,不评判,不下定义,尊重孩子选择"犯错"这个体功课。所以我啥也不说,就是给出包容和接纳。②带着满满的爱心,请她帮忙选出全班同学作业中用蓝色笔书写的。她边统计边叹气说:"唉,如果我妈妈也像您一样真心真意地爱我多好呀!"我问她:"难道妈妈不爱你吗?"她激动地说:"妈妈爱那个听她话的我!妈妈爱那个不犯错的我!我不喜欢这样的爱!" 滴水藏海,孩子的话投影出来亲子关系的状态。我继续问她:"那你爱妈妈吗?"她没犹豫:"爱呀"我逗她:"她的做法你不喜欢,那你还爱她干嘛呀?"她犹豫了一下,回答说:"她咋样是她的事,不妨碍我爱她。"多智慧的孩子呀!我暗自庆幸自己掌握了现实中遇到纠结的时候,要先回到投影源转一分钟的至简心法,没简单粗暴地给孩子上三维的手段,而是和孩子共振出了智慧!没把孩子老山参一般珍贵的慧命当成是胡萝卜修理!

感恩刘丰老师！感恩心能缘的小伙伴们！感恩我可爱的天使学生们！感恩一切遇见！愿每位家长都越来越好，越来越智慧，越来越喜悦！

2019年11月8日

觉：真是出门不看黄历得惹事，居然撞上"立冬"这个节气给一个孩子放学后补课。这孩子被诊断为"多动症"，发作的时候挤眉弄眼，猛啃手指，不停地抖腿，最严重的时候会伤人，好几个老师才能抱紧他。在今天这个民间习惯给亡故的亲人烧纸钱送寒衣的节气里，孩子"犯病了"。空荡荡的教学楼里，只有他和我。咋办？回投影源看看。

悟：观到自己的不允许、不接纳的认知。观到自己低维的认知障碍：认同医生的诊断。观到自己的分别念，观到自己刷存在感的伪善伪正义伪勇敢伪慈悲。

行：无条件地允许接纳一切。无条件地剥离外相中向上的能量，共振！

证：①我放弃一切做法，就那么静静地看着孩子，直到孩子也渐渐地安静下来。②安静下来的孩子悲伤地半眯着眼睛，弱弱地可怜地瞅着我，我瞬间感受到了强大的母爱，孩子和我的眼泪都涌出来了，我瞬间体会到了孩子心中的那些迷茫和痛苦：没人懂，没人给他他渴求的爱，没人用心去看他……惭愧啊，5年的师生关系，我咋才第一次去看孩子的内心呢！我忍不住不停默默地对孩子说：对不起，宝贝！老师错了，请原谅！老师爱你！

爱是唤醒孩子慧命的唯一途径！爱是化解孩子任何纠结的神器！

感恩刘丰老师！感恩心能缘的小伙伴们！感恩宝贝孩子！感恩一切遇见！祝福孩子们人生体验愉悦顺利！

2019年11月28日

觉：帮助孩子们整理最终版的档案材料，这种工作类似多米诺骨牌，一个出问题，就会受到波及全部重来。突然发现里面又有几个不合格的，导致我之前做了3天，今天又加班做了30分钟的工作得重新来过，火腾得起来了，这是哪个讨厌鬼？看到自己的情绪了，赶紧跑回投影源求助去也！

悟：把"一切都是最好的安排"当成了口号空喊。没有无条件地接纳允许一切的发生。

行：无条件的接纳允许。无条件的共振向上的能量。无条件的感恩！

证：①抛出避火诀：一切都是最好的安排！立刻开心地重新来过。②感谢这几个小宝贝告诉我：不要听从大脑袋的老旧经验哟，我们这批孩子可是不一样的中国梦的践行者呀！舞台变了！舞台边界不一样了！老师您再不能用以前的认知喽！一定要摸清楚新的舞台边界条件才能愉快玩耍呀！

后面的工作，我安静下来5分钟做至简心法的五境，然后聚精会神地再复查一遍，提前40分钟完美完成任务，成为全市第一个提交档案的！

感恩刘丰老师！感恩心能缘的小伙伴们把这么好用的至简心法无私落地！祝福大家越来越智慧越来越正能量满满！

心能缘践行者方太静老师（化名）

体悟老师所讲，学走自己的路

我想先从一次刘丰老师在课上回答一位朋友的问题开始说起。那位朋友说："刘丰老师，您能教我怎么到高维吗？"老师没有丝毫犹豫直接说："我不管我怎么教，我只管我怎么学。"如此短的回答，却让我明白了一个深刻的道理，这也是老师在课堂上反复说的一句话："相信自己本自具足，你不会自卑；相信众生本自具足，你不会自傲。"老师让我看到了生命要时时刻刻的觉察，反躬自省。回到自己的践行，才是"教"与"学"的根本。

我和老师在一起共事有近9年的时间。有幸近距离地和老师学习交流。借此机会我把多年来对我印象深刻的内容和大家一起分享。

一、"借用"科学语境。

听过老师讲课的朋友一定经常听到老师开篇会这样讲:"每个人拥有的知识足够悟道,人不需要增加更多的知识去悟道。我今天所讲的量子物理、相对论等科学名词是我借用的工具,只是为了调动这个课堂的场域。出门您赶紧把它扔掉,否则我是在放毒。我不增加大家的所知障。"最早听到这句话,我想的和很多朋友可能一样:老师很谦虚,这样说太高明了。

但当我深入再悟老师所讲的内容的时候,赫然发现这句话好似一个基础共识,是老师所说的一切思想的缘起。"借用"科学语境做一个描述真理的"比喻"。让听到的朋友以"科学语境"的解读作为一个探索内在的桥梁,不断走近真理。

二、系统集成

第一次见到老师的时候,他就提出一个当时我觉得特别晦涩难懂的词"系统集成"。这么多年来,看到老师"借用"科学语境和不同领域的专家学者对话,进入不同的行业去解读顶层战略规划,不断呈现的彼此皆大欢喜映入我的眼帘。我时常在想:"到底发生了什么?"老师这么说:"我的人生有三个愿望:①建立东西方科技的桥梁(早年在硅谷的职业生涯我做到了)。②建立一条东西方文化的桥梁(这是我目前正在做的)。

③建立一条从此岸到彼岸的桥梁（这是我一生的诉求，以生命的圆满为目标）。我听到此话"乐了"！原来老师是"修桥"的，修一条走向人生圆满的桥，一条从"我"（小我，个体的我）到"我"（大我，整体的我）的桥梁。而"系统集成"是链接此岸到彼岸的工具，是践行无分别的思想方法。

三、生态、责任、公益——从心开始的可持续发展

老师在各个场合都会提到生态、责任、公益这三个名词。他说："未来这三点是人类可持续生存和可持续发展的基础。"有朋友问："你一直这么做公益，怎么可持续传播发展呀？"老师笑着说："只要我活着，这件事情就一直会持续，直到我生命终结，我不诉求推广，推广的朋友自己推广获益就好。"

我就这样一直听着这些话。从感动，到感慨，再到慢慢自己也开始这样实践，直到以传播生态、责任、公益为自己的生活一部分。不断地收获喜悦和对生命的大无畏。

2019年立冬那天，陪伴我三十多年的我最亲爱的奶奶永远离开了我。那天早上主治医生来查房，她看着监控设备说："今天还行吧。"我马上笑着对她说："不是还行，您可以说没问题的。"她于是改口对着奶奶说："老太太，你没问题的，明天就可以出院活蹦乱跳地回家了。"也许是奶奶释然了，紧接着所有指标都往零的方向去了。这个时候，我轻轻地摸着奶奶

的头，对她说："奶奶，您向着光的方向走。永远不要停留。"在这一刻，我没有流下眼泪，用我全部的力量祝福奶奶一路走好！

老师曾经对我们说：死亡就像是转身，向东走后再转头向西。生命的质量比生命的长度要重要得多！人生的根本意义就是提升意识能量的自由度！

听着老师的教诲，心中默默地发了一个愿。愿我们所做的"心能缘"能够链接一切，喜乐，圆满！

心能缘　李东泽

2019 年 12 月 7 日

附录二 法音

人脑有左、右两部分,分别是意识(头脑)与潜意识(心灵)。一般我与作者一起沟通时,我负责谈心灵与音乐,他谈的是科学,他站左边,我站右边,他的语境是用普世科学逻辑,我的则是潜意识,听课的人正好可以左右脑交互作用。有时听不明白我说的内容的人,听见作者的讲解就懂了,当然也有人听完我说的,就更明白作者的语境了。后来就有人这么说,作者与我的组合可以称为"天作之合"。

我制作的音乐主要是佛教、心灵音乐。对我来说,灵性的交流是不需语言的,长久以来,我们在这个大社会中生活、工作,透过累积经验所建立的信念,进而形成了制约,在这个快速变动的新世纪里,这些制约经常造成我们内心的矛盾、纠结。我们的头脑承载了太多,却忽略了具有创造力的灵感,正如一部天天在运作的计算机,却没有人去更新。作者巧妙地利用我们惯用的头脑,来为我们清理、更新,这是他的独特之处。

不论佛、道、儒家思想,作者秉持着尊异求同的态度,以科学性的语言,让这些中国传统思想,有了跨时代的诠释,他让你懂,因为懂了才能用,而用了你就明白了。

台湾原动力文化创始人　黄敏男

附录三　陪伴生命，喜悦成长

值此《开启你的高维智慧》再版之际，赞叹和祝贺心能缘团队的持续升级，非常荣幸能够与各位读者再次分享十方缘的文化，十方缘这一路走来的过程让我们更加坚定和充满信心地印证"付出是生命的第一需要"，而十方缘义工在付出的这个过程中，彼此看见，彼此陪伴，喜悦成长着。

犹记得2011年初，莲玉、林丹、树功、德坤我们几个人第一次以"十方缘"为名，走向养老院老人的场景。那天我探访的第一位是一位102岁的奶奶，11年后再次追忆，老人矍铄而明亮的目光、干净又整洁的衣着、和蔼又清晰的表达……所有的场景仿佛就在眼前，我知道那是因为老人的生命走进了我，与我融为一体并且从未分离过。是老人用写满一生的故事引领我们，走好余生的每一步，一时间敬仰、温暖、感恩之情油然而生。我感受到这是一种伟大的生命能量，可以提升每一位有缘生命的生命品质，它终将引领我们"在爱中回家"。对，就是"在爱中回家"这个念头！"回家"是每个生命从出生的那一刻起就在寻找的最终归宿,那是一种安心的、喜悦的感受,似涓涓细流流淌心间,感恩奶奶带给我的看见。

那一天,我探访的第二位老人是一位膀胱癌晚期的爷爷,我看见林丹坐在老人的床旁,我悄悄地找了个凳子坐在靠近老人头部的床旁。我们为老人播放着《晨钟偈》这首音乐,老人的头在枕头上晃来晃去,空灵的音乐回荡在房间,老人摇头的频率快于音乐的频率,而老人家的眼神却慢慢地飘向远方。这时候我把自己温暖的手轻轻地放在老人的头下面,老人晃头的频率慢了下来,眼神穿过房间飘向了更遥远的地方,和着音乐的频率,老人口中慢慢地发出声音:回家了。"是的,回家了。"我也轻轻地应着。那一刻和老人同频,我们共同走在回家的路上。生命在彼此陪伴和看见中给予着力量。

那一刻,我看见了这件事的真正价值所在,每个生命底层终极目标都是要活出来,或者就是我们说的觉醒觉悟、本自具足吧。一切人生经历包括学习、生活、交朋友、谈恋爱、结婚生子等等,都是实现终极目标的抓手。我们走进老人就是通过生命的彼此陪伴,达到彼此的唤醒与了悟,让生命活出本来的自在喜悦、明明白白的样子。

寒来暑往十余载,十方缘结十方缘分用爱与陪伴为生命服务,从0到1,从无到有,再从一家北京十方缘老人心灵呵护中心到全国各地有近百家基于北京十方缘ISO9001基础之上系统化、标准化、规范化为老人提供心灵呵护服务的专业团队。全国乃至全球中华儿女,已经有越来越多的团队及个人,因这套基于生命的文化理念价值观而彼此认同和吸引,并更多地践行于自己的工作生活中。老人安则家庭安,家庭安则社会安,社会安则国家安。这条路上最根本的本质就是生命向着爱的回归,只要有生命在、有爱在,追求生命回归的动力就在,这个动力在,构建更大的和谐就在。这也是这套文化最珍贵的价值。

工作可以退休,身体可以躺平,一切奔波和奋斗都可以被叫停,只有这条回归的路,我们是永远的行者,我们在名为"十方缘"的这个场域中行走,在用"生命陪伴生命"来面对人生终极课题的这个抓手中行走。我们通过从一次次陪伴中得来的心灵呵护十大技术(祥和注视、用心倾听、同频呼吸、经典诵读、音乐沟通、抚触沟通、动态沟通、"三不"技术、"零极限"技术、同频共振),让生命唤醒迅速发生。

在这条回归的路上,每一个生命都体验着越来越自在、喜悦的感觉,体悟着生命的平等与尊重,包括我们陪伴的每一位老人、每一位临终者。我们深深感恩老人为我们提供了陪伴的机会的同时,每一位被陪伴的老人及临终者又何尝不是与我们同感。当生命同在,一切都是恩典。

我深知"十方缘"存在的意义,在于看见生命。所以我们关注被服务的每一位老人是否有得到真正的陪伴，而不是被打扰。我们关注每一次义工们服务老人是否有得到生命的成长与启迪，而不是施舍与献爱心，每一个生命都是需要被尊重的，而不是因为我爱你所以我爱你，如我所是把爱强加给你。爱是无私无我无欲无求无分别的，爱是带着觉察的。在陪伴义工走近老人无数次的服务中，我们归纳总结了《爱与陪伴老人心灵呵护服务守则18条》、五星义工文化和核心价值观"每一个生命都是需要被呵护的，所以我们不分析、不评判、不下定义，就是爱与陪伴。"这一切的核心都源于看见生命又回到生命本身，以戒为制度，用爱去管理，让生命做导航。

十方缘之所以能从初始到现在，其根本也正源于此，陪伴生命、看见生命、用爱与陪伴为生命服务，生命回归，生生不息。

近两年来，新冠疫情在全球传播与发生，在我们被动调整了服务形式的同时，更主动地探索和完善着一套线上服务、培训、文化活动等全新的生命链接的模式，取得了一些收获和成果，这也是新冠疫情赋予我们的探索和发展的机会，一切的发生都自带着使命的到来，我们欣然地接纳与面对定能借由"它"实现每一次的自我超越。

十方缘的发展，每一步都离不开刘丰老师的指导和引领。再次感恩心能缘以及刘丰老师对十方缘老人心灵事业的贡献，感恩全国各地老人心灵呵护团队、每一位员工和义工的辛勤付出，感恩我们服务的老人，感恩十方缘分！

愿生命陪伴不停，成长喜悦不断！

北京十方缘老人心灵呵护中心理事长　王桂芹

附录四 心无界，事业才无极限

我认识作者看似十分偶然。2013年夏天的一个晚上，我到一个京城文化小院跟主人聊天。庭院深深，只有我和主人两个人在聊国学，突然门口进来一个人，主人介绍说，这是作者。我抬眼望去，第一印象是这个人好高啊。

我与作者首次合作，是在一次全国性的心理学大会上，给来自全国的心理咨询师讲课。随后，应大家的邀请，我和作者开启了长达近两年的"国学与科学"对话。许多我完全没有设计、没有预料、甚至没有期望的事情，就这样在生命中一点一点绽放的时候，我想它的背后一定有超越文字、超越时间、超越空间的原因吧。

易和书院始创于2004年，开始传播传统文化。自2012年起主要推动未来产业传统文化创新人才公益培养计划（简称国学种子班）。至2017年，易和书院已经在线上线下班培养了八期国学种子学员，他们毕业后大多从事公益与教育行业。作者是易和书院的名誉院长，他的口头语是：你说的是对的！至今为许多学员效仿。2014年我和作者对话的时候，作者说，易和书院研发的国学智慧系统集成，是十年磨一剑。我问何意？他说，应该坚持公益性质。我请教他具体如何操作？他送了六个字，就是今天印在易和书院的学员手册上的宗旨：责任、生态、公益！

回顾十二年漫漫修心路，如果说易和书院从浩如烟海的国学经典中梳理出国学智慧系统集成，进行学术传播与应用转化，代表了一个公益组织的成功，那么，在这个平台上培养出来的国学种子，真正有一颗公益心，对社会问题有一份担当，则代表了一个公益组织的成熟。在这个时空点上，感谢作者的点拨与鼓励，坚定了我们前行的方向，在这里奉上易和书院全体师生的共同心声：

一、生命是时时刻刻值得欢庆的

当年佛陀在菩提树下悟道，实证到的生命真谛便是，一切众生皆具如来智慧德相。他初讲四圣谛、十二因缘法，立位"人生是苦的"，所以重点修出离心而超越轮回，声闻乘证阿罗汉属于小乘，缘觉乘属于中乘，于是有了南传佛教。此二圣者没有证得明心见性，诸法实相……中国古称震旦之国，有大乘气象。这大乘指的就是菩萨乘，汉传佛教从明心见性起修，识本心、见本性，才能真正升起菩提心，心不住相勤修六度，是每一位菩萨的责任。可见佛陀的本意并非宣讲人生是苦的，当我们能够觉察并转化苦因时，就有能力离苦得乐。这种觉性在圣不增、在凡不减、不生不灭，本自圆成。当今时代，天缘已启，群贤毕至，密乘心行，即一切色相、音声、意念的性空缘起，所谓"修"即无时无刻不"自成本尊"，即心即佛、即身即佛，可节省许多事相，甚至不需刻意外求。我们无比珍惜、共同迎接这一时刻，生命是时时刻刻值得欢庆的，我们愿意成为快乐的源头，让一切生命在觉性中绽放吧！

二、无条件的陪伴成长

有人认为，以传播传统文化的形式陪伴每一个小伙伴的生命成长，是很难达到"无条件"的。那就看你如何理解"无条件"了。人有三种活法，第一种是受业的一天，业力是未经转化的评判，所以评判的一天等于未经转化的一天，等于不快乐的一天，就只是活着受业而已。第二种是唤醒的一天，业力模式存在的意义是用来提醒我们，在我们的生命体验中还有一些评判等待我们去转化。业力是用来唤醒我们内在的觉知的，今生所发生的每一件事，遇到的每一个人，都是用来学习和转化的。第三种是"成为"的一天。禅宗大德有偈言：八风吹不动。无条件的陪伴成长，可以看作是我们的内心发出的一个呼唤，让自己从评判的幻象中走出，觉照到我们生命的内在实相,就是无条件的爱。自始至终,没有别人需要你的陪伴,这个人就是你自己。与其说陪伴别人,不如说陪伴自己,安住在脱离二元性的体验之中,感恩我们服务的小伙伴们,成就了自己一颗没有判断、评价、分别的心。

三、生命提升的功课是勇于补短板

改变自己的旅途从哪里开始呢?生命功课的下手处应是勇于面对自己能力的不足,纵向提升的必备条件是补短。离开心理舒适区,挑战一切不可能。没有条件创造条件,遇到不熟悉、不擅长的事情,第一念是"Try it"(尝试做),而不是"Leave it"(推出去)。生命的精彩,往往来自于突破自己的那一刻!成长就是对于不熟悉、不擅长、不习惯的事情要勇于承担,在商业社会这也许会妨碍你的晋升,可是在一个彼此唤醒的团队之中,你不懂不是羞耻,而是成长点,让我们一起来积极面对。

四、在爱心中唤醒内在智慧、行动就是福!

理想很丰满,现实很骨感。有多少人在现实与理想中徘徊?有些人"智者乏善",会想不愿干;还有些人"力者乏智",会干不愿想。公益可以是凝聚善业,可不可以同时也是个修心的团队呢?公益工作只有做到位了,才是真正做好公益了。知行合一,不仅指知道了、做到了。更有三层境界,见山是山(见一切现象),见山不是山(悟到本质),见山还是山(回归现象即本质)。在行动中体察内心,大家都是自己的一面镜子。

五、看似帮助别人实际成就自我

在公益圈里待久了,如果没有正确的认识,就容易占领道德制高点,标榜自己是付出者,将公益行为看作是单向性的。其实,本来没有一个做公益的人(我),也不存在另一个被帮助的学员(他),甚至没有我们之间的师生关系(缘)。师者,传道、授业、解惑。真正的老师只做他自己。真正的老师并不说教,他只显示心本真的状态--体验当下的生命的本质和爱的陪伴。卓越的课堂不应只局限于求术,而应不懈地向论道的境界探索。引爆生命的潜能,彼此唤醒,相互加持!未来时代,每个人都是自己内在最好的导师!

六、跳出惯性思维,拆掉心中的墙

老子说:前识,是道的浮华。惯性思维(前识)又称所知障,是无明最大的帮凶,自以为是的执着使得我们无法认识真相。我们不能把做公益简单地理解为做好事。中国公益事业的出路何在？我们愿意尝试以中国本土优秀传统文化的智慧作为核心推动力，提升价值观的公益之路。国学智慧的核心内涵是"心文化"，并贯穿易、医、儒、道、禅诸家，体认中国传统文化在当代的修心价值。同时，在公益的平台上，以国学智慧的高维引领，给公益行为赋予"心"的力量。

七、一切问题都是自己的问题

儒家文化强调内省内证内悟，他们立位于现实世界，却由内而外地发现了这个世界的"内圣外王"创建模式。这对于我们未来多元文化的团队融合，提供了怎样的思维模式？对于团队建设与减少内耗，又有什么启示？但凡有德行的人，都有一个共同的特征，那就是谦卑。用易经的"谦"卦形容，谦谦君子，卑以自牧。自牧就是向内寻找自己，承认一切问题都是自己的问题，多疑的人和为自己开脱、辩解的人，都有损自己的福报。

八、在差异面前自觉转化

随着公益活动的项目化与开放化，多元化的观念日益明显。在差异面前，是一言不合就翻脸？还是意见不同就清理？这些常见的方法不仅不可能转化我们的烦恼，还会蒙蔽我们的觉察。就好像是自己与空气搏击一样,只是自己在那里凭空发力而已。仔细向内觉察,会发现情绪是可以转化的,愤怒的能量也可以转化为慈悲。学会与不同意见和谐相处,坦然面对不同意见的人和事,就有必要构建以生命成长为内核的公益组织的工作伦理。

九、看透问题本质后再行动,智慧引领行动

大道至简,直击本源。有多少小伙伴是通过做公益来提升对自我生命的认知的?公益项目,培养的是面向未来产业的人才。相信自己--你就是爱,你就是光!你是爱哪里会有冷漠?你是光哪里会有黑暗?用国学智慧引领公益行动,看透问题本质后再行动。

十、心无界,事业才无极限

想象力是组织的原动力,可人们往往不了解传统文化培养创造力的作用。在东西文化交汇国际大潮中的当下,如何将千年前的"彼时"教法灵活有效地应用于"此时"的现代社会?是否可以不采用单向的授课方式,而是奉行人人参与的团队学习?打造彼此唤醒,精进成长的对话会谈环境,形成与各方同仁交流合作与探讨共修的生态小组。公益的特点应该是用想象力带来影响力,以持续的创造力来验证我们的觉性圆满。这正

是高维智慧的价值呈现。

预祝作者的新书,为大家带来一股清流,身心受益。并祝所有有缘见到此书的小伙伴们健康、快乐、智慧!

世事变幻,唯爱长存。

北京易和书院创办人　马仙蕊
丁酉年元月

附录五　心能缘伙伴感言

常常在回味老师说过的目标管理。老师说目标一定要高，只有这样在平常的日子里才会更坚定，不会被一时的困难吓倒。在迎接挑战的时候不光要勇敢，而且还要关注自己的状态，姿势也必须要优美。

——孙毅

道之以德，素位而行。当下一点，通达所有。任何人，不论权贵或平民，不论顺境或逆境，随时而应，随处而立，于此心地上耕耘，明得理上化事，直为境界！这一生，终不唐捐而过，舍身时，自在！

——严刚般若花开学堂

刘老师是我的人生导师，茫茫宇宙可以认识他和成为"心能缘"的伙伴，是我一生最大的幸运。这本书将给高智商、高学历、善良、尊重科学的人们打开一扇通往更高维智慧的大门。信、愿、行、证,自然且平衡。

——贝林

这是一条心灵环保之路,感恩与刘老师和心能缘的伙伴们同行,无论在任何境遇,因为记得"提升意识能量自由度"的唯一人生目标,顺逆都成了炼心的机缘,让我真正体会到"做的人是最大的受益者"。

——梁语桐

2011年在北京有缘认识刘丰老师,当时刘老师第一次和我分享多维宇宙系统的学问,我感觉很抽象,听不明白。后来又听了刘老师五次左右的分享,我当时处在事业和健康的低谷,正在寻找减压的答案,突然有一天想明白刘老师说的高维智慧,一下就认清自己,了解了多维宇宙的关系。我对世界有了新的认识,这对我的情绪压力管理和生活有很大的帮助。非常感恩刘丰老师!

——詹智淋

我觉得自己是一个特别幸运的人,在我生命的旅途中碰到了刘丰老师这样的智者。没有一个系统能够像广义科学这样通透地告诉我:我是谁,我来自哪里,我将往哪去。朴实的话语,科学的解读,结合时代的旋律。如此的著作,只为开启我们本自具足的高维智慧!感恩一切的缘分!

——郭昌明

本书是刘丰老师积几十年辛勤探索之感悟,以现代主流科学的逻辑语境深入浅出地解读古今各个智慧传承,对启迪当代人踏上探寻宇宙本源之路很有意义。

——施军田

也许是缘分,这十年一直寻寻觅觅寻找生命终究去到哪里。从教练技术,西方心理学,能量学,灵性学,再到国学,佛学。有天遇到刘老师,他让我停下寻觅的脚步,转向读自己这本书,往内看,跳入生活。遇到心能缘伙伴们,发现有这么纯净的一帮人一起是幸事,这些年一直不离不弃,因为心灵陪伴在一起是最美的约定……

——郑丽

关于高维智慧,我的理解是宇宙中每一个质点都具足如来藏性、具足圆满智慧,人的一生唯一的目的就是除妄念破妄识真、回归本真。

——叮咚

刘丰老师以广义时空能量学的理论让人们从三维世界的围城中突破而出，促使人类的视角从当下的世界直指 N 维宇宙，给人以醍醐灌顶之妙效。

——李冬

刘丰老师的课程，为很多人架起了一座从现有的三维认知通向 N 维智慧境界的桥梁。当你走上这座桥，你将更容易明了人生的目的，感受自然的美好，理解宇宙的奇妙。通过进一步的修习，你心中的爱将与全世界的爱合而为一。

——陈红

宇宙至简原理的描述让我们的意识冲破三维定义域的桎梏，豁然开朗，获得从未有过的清醒。这是一次领悟生命智慧，改变人生轨迹的机缘。宇宙至简原理将人类的多元文化系统连接、聚合、发酵、集成，成为人类文化趋同的内核，能极大地满足人类精神需求不断增长的需要。

——刘群华

刘丰老师的教导对现代物理学及众多宗教中对宇宙本质的神秘认识，都有极为清晰、易懂、简明的阐述。让我深刻地认识到生命的终极之物即是我们纯粹的意识与"道"的真正融合。

——殊缘

生命中最重要的事莫过于意识的觉醒与彻悟，生命中最喜悦的事莫过于体验不断提升的意识自由度。刘丰老师为我们打开了一扇窗，使心灵豁然开朗；帮我们连接了通向终极智慧的便捷通道，去感悟本自具足的喜悦与圆满。

——禅猫

有一个人，不管世事变迁，都做着相同的一件事——提升人类心灵能量的自由度。十年前遇见刘丰老师，让我知道了生命的意义。我也逐渐开始了解了心能缘这样一个史无前例的自适应团队，以彼此唤醒为己任，遇一切事项反求诸己，不知不觉中，生命的品质得到了净化。也许没有人知道你经历了怎样的内在工程，而你却开始从虚幻的生命迈进一个真实的生命。

——黄洁

58岁才遇上作者，感恩多元文化把我唤醒，重新超越，迈向高维，呈现真善美。《创世纪》说上天做人的目的是追求智慧，种子疏食，所以我开素食餐厅也是跟着多元文化，希望上天的讯息呈现在这本书中，带动有缘人。

——生仔

自从在心博会遇见刘丰老师，总是想起他的话语和洞见，引领我活在当下，去证悟无上正等正觉，纯度、高度和自由度成为我的人生指南。非常感恩和老师今生的相遇。

——唐萍

第一次听到刘丰老师讲解"生命的意义就是提升意识维度"时产生强烈共鸣,我迫不及待找到刘丰老师相关视频和音频资料学习起来,当刘丰老师的理论跟我在生活很多中实证对应上时,我有豁然开朗一见如故的感觉。如果你和我一样都在探寻生命意义,不妨看看这本书,我们来一起交流。

——聚成股份创始人　刘松琳

心心相印,缘缘不断。

——李文芳

刘丰老师用不同的角度和清晰易懂的语言解释了我们的生活与高维智慧之间的关系,以及我们追求高维智慧的意义。

——林琬

生命总是很有趣,当我把2007年的疾病,放到2017年来看,我看到了疾病背后的善意和爱,曾经最恐惧的疾病,开启了我和中医的缘分,直到今天我都梦想着,2027年,人人都安康喜乐。把人生的每一次经历,放到生命的长河中,跳到更高的维度上,叩其两端,得其中间。感恩刘丰老师和心能缘的伙伴们，是你们让我知道，我从哪里来，要到哪里去，无有恐怖，心安在每一个当下。

——夏茵

《开启你的高维智慧》这本书让我们回归我们的自性光明海中。看到心与心的连接，生命与生命的陪伴。感恩刘丰老师！感恩心能缘！感恩一切的发生！我是如此幸运与幸福！

——王立玮

感恩有缘参与这本书的策划、编辑以及与心能缘伙伴的更深陪伴与支持，感恩刘丰老师，感恩十法界！

——华海玲

禅创是生命渐悟体验之智，不在于知，而在于信愿行证；不在于脑逻辑，而是践行大道至简。

——刘书源

与刘丰老师和心能缘结缘后，所有对外在的攀缘与执念逐渐转化成对内在的探索与提升。因为明白了人生的终极意义，心安住于每个当下。

——予文

感恩遇见刘丰老师《开启你的高维智慧》，老师几十年的成果——借用科学语境关联一切有缘智慧系统，短时间内打破我对许多智慧系统的疑惑，在心能缘三个月的义工经历，让我坚定地跟随老师的大愿一起走，用科学语境系统集成一切有缘智慧系统及全息能量运化，我们会一直走下去，无止境，期待与有缘的你相遇！

——慈法智

后记

走向生命的圆满自在

开拓**求**真**走**四方
启迪**同**唱**向**宇光
内圣**尊**师**生**万有
在尘**异**曲**命**运当
高我**融**尽**圆**方阵
维度**通**极**满**穹芳
智联**万**缘**自**贤达
慧呈**法**脉**在**无双

人类对生命意义的探索一直伴随着人类文明的发展,经过近两千五百年发展的宗教,及近几十年发展起来的新时代运动,建构了数不清的对生命意义的描述系统。站在有限的空间层次看到的是无穷无尽的分别,而从整体宇宙的视角观到的则是合一,照见的是一切可能的投影。

在过去三十年，伴随时空能量的整体提升，心能缘从生命的内在渐渐呈现出来，内在生命能量的连接从隐性到显性，进而从隐形到显形。求同尊异是其始终信守的入世原则——尊重一切存在的时空合理性，因为一切生命共同的终极诉求才是多元多层次生命的根本意义，所有的描述系统的终极目标才是所谓的唯一真理。在极致的唯一真理面前，一切描述都有其独特的意义，也都有其相对的局限。只有不执着于任何一种描述系统，才有可能真正全然地包容与接纳一切系统，并将生命中的每一个遇见都转化成生命内在成长的助缘，才能在多元文化共存的时代持续精进于生命的每一个当下，化干戈为玉帛，转烦恼为菩提，呈齐鸣为交响。

本书借科学的语境建构连接人类一切智慧系统的纵横立体网络体系，以至简原则提炼关键词与核心逻辑关系。它不属于任何个人及组织；不属于任何独立的利益团体；不属于任何宗教及政府机构。它是人类共同智慧的财富；是连接每一个个体与组织的内在桥梁；是对接人类一切智慧系统的通用接口；是人类多元文化和谐交响的共享基频。

因此，感谢自己生命的内在创造了你与此书相遇的机缘。参与者是最大的受益者。这是每一位心能缘伙伴生命践行的共同体会。

物导人生三维痴

误导人生迷认知

悟导人生归本真

勿导人生当下释

刘丰

2017年元旦于美国加州

鸣 谢

本书的第一部分是由作者主讲的线上网络课《多元文化系统集成与交响》整理而成，这也是作者首次全面系统地讲解多元文化系统集成理论。期间有大量的义工帮助整理音频及文字，也有很多的专家、学者对本理论课程的呈现提出了非常宝贵的意见和建议。在此感谢为这部分内容呈现而付出的所有朋友们。

感谢丁利女士、范孋娜女士以图片的形式为整个多元文化系统做了更加丰富的图文展示。

本书的第二部分案例解读是从心能缘团队与原动力文化、易和书院、北京十方缘老人心灵呵护中心等机构合作的对话课程和实践活动中提炼而成。在此，感谢原动力文化创始人黄敏男老师和他的团队伙伴与我们共同呈现了多场有关法音的对话及音乐鉴赏课程，帮助我们完成了多元文化理论系统与法音这一部分内容的整体关联。感谢易和书院创始人马仙蕊老师和她的团队伙伴，通过六次对话国学（总论象思维，易经，中医，儒家，道家和禅宗），帮助我们实现了国学与科学的思想融合。

感谢北京十方缘老人心灵呵护中心方树功总干事和他的团队伙伴，帮助我们将多元文化理论在老人心灵呵护领域全面落地。

在这几年间，我们举办了近百场大大小小的对话交流活动，与国内外各领域的专家、学者及组织进行了不同题材和不同形式的对话。因为本书篇幅所限在此就不一一列举了。感谢所有帮助多元文化系统集成理论完善的各位同仁们。因为有了你们，有了更多的思想和文化学说的碰撞与交融，才有了多元文化系统集成的意义。

最后，还要感谢中国青年出版社的编辑团队，给我们提出了特别多宝贵的意见和建议，并最终策划出版本书。谢谢为此付出的所有伙伴！

心能缘

2017年2月15日

作者简介

刘丰

　　心能缘平台核心发起人，多元文化系统集成倡导传播者，北京十方缘老人心灵呵护中心顾问委员会主席。近 30 年来，刘丰老师深度进入多门智慧系统及文化团体，以科学语境关联不同智慧系统共性的部分。本着"求同尊异"的原则，与当今多元化的世界和谐互动，唤醒不同背景的人开启他们自己内在的人生智慧。

心能缘

　　一个旨在用科学语境关联所有智慧系统的平台，打破人与人、各种智慧系统之间的认知壁垒与障碍，实现人与人、不同智慧系统之间心的打开与连接。心是广义的概念，是在宇宙空间的总和，一切能量关系都包含在其中。心灵特指三维空间之上的高维空间，也是所谓的意识、潜意识、超意识空间。心能就是心灵能量，是自由度高于三维的高维能量，是一切三维事物的投影源。心能缘代表了心灵能量的内在关系。

图书在版编目（CIP）数据

开启你的高维智慧 / 刘丰著，心能缘校订 . -- 北京：中国青年出版社，2019.4（2025.1重印）

ISBN 978-7-5153-5550-4

Ⅰ．①开…　Ⅱ．①刘…②心…　Ⅲ．①思维方法－研究　Ⅳ．① B80

中国版本图书馆 CIP 数据核字（2019）第 051966 号
版权所有，翻印必究

开启你的高维智慧

作　　者：刘丰
校　　订：心能缘
责任编辑：吕娜
书籍设计：瞿中华
出版发行：中国青年出版社
社　　址：北京市东城区东四十二条 21 号
网　　址：www.cyp.com.cn
经　　销：新华书店
印　　刷：三河市万龙印装有限公司
规　　格：787mm×1092mm　1/32
印　　张：10.625
字　　数：300 千字
版　　次：2020 年 5 月北京第 1 版
印　　次：2025 年 1 月河北第 18 次印刷
定　　价：69.00 元

如有印装质量问题，请凭购书发票与质检部联系调换。联系电话：010-57350337